DIZHEN JIANCE SHESHI HE GUANCE HUANJING BAOHU
地震监测设施和观测环境保护
XINGZHENG ZHIFA SHIWU YU ANLI PINGXI
行政执法实务与案例评析

张广萍　编著

甘肃科学技术出版社

图书在版编目（CIP）数据

地震监测设施和观测环境保护行政执法实务与案例评析/张广萍编著． -- 兰州：甘肃科学技术出版社，2022.12
ISBN 978-7-5424-2987-2

Ⅰ.①地… Ⅱ.①张… Ⅲ.①地震监测-环境保护-行政执法-研究-中国 Ⅳ.①D922.684

中国版本图书馆CIP数据核字(2022)第258499号

地震监测设施和观测环境保护行政执法实务与案例评析
张广萍　编著

责任编辑　马婧怡
封面设计　雷们起

出　　版	甘肃科学技术出版社			
社　　址	兰州市城关区曹家巷1号　730030			
电　　话	0931-2131575(编辑部)　0931-8773237(发行部)			
发　　行	甘肃科学技术出版社	印　刷	兰州万易印务有限责任公司	
开　　本	880mm×1230mm　1/32	印　张	7.5	字　数　120千
版　　次	2023年9月第1版			
印　　次	2023年9月第1次印刷			
印　　数	1~1660			
书　　号	ISBN 978-7-5424-2987-2	定　价　35.00元		

图书若有破损、缺页可随时与本社联系：0931-8773237
本书所有内容经作者同意授权，并许可使用
未经同意，不得以任何形式复制转载

序

在经济快速发展、社会急剧转型、城市化进程不断加快的今天,地震监测设施和观测环境被破坏的问题日益突出,地震台站为建设工程"让路"的现象非常严重,进一步加强地震监测设施和观测环境保护行政执法工作非常有必要。行政执法作为法治建设立法、执法、司法、守法四要素之一,其重要性不言而喻。地震监测设施和观测环境保护行政执法工作在整个地震行政执法工作中占据非常重要的位置,也是执法实践中开展最多的工作,对这一主题的研究具有地震行政执法的代表性,也具有相当的实践性。

随着国家层面行政执法体制改革的不断推进和完善,地震行政执法工作也面临新的改革和要求,如何科学地配置执法权力、规范执法行为,有效处置各类防震减灾管理中的违法行为,成为防震减灾理论界和实务界都高度关注和认真研究的问题。本书笔者张广萍女士的第一本专著《地震监测设施和观测环境保护法律制度研究》从理论角度对地震监测设施和观测环境保护法律渊源、法律关系、法律责任等相关的法律制度进行了深入解析。在此基础上,本书上篇从地震监测设施和观测环境保护执法实务角度出发,进一步补充论述了关键执法理论,"与时俱进"分析了"大应急"框架下,党和政府对地震行政执法工作的领导及要求,具体分析了地震监测设施和观测环境保护行政执法实务中运用较多的行政协议行为,并探讨了行政执法案例指导制度及其在地震行政执法工作中的应用前景。

地震监测设施和观测环境保护行政执法工作是涉及面较广的执法活动,涉及行政许可、行政检查、行政处罚等多项执法行为。本书中篇从执法实务角度对地震监测设施和观测环境保护相关行政许可、行政处罚、行政检查要件及法律文书进行了逐一解析,具有非常强的操作性。"例以辅律,非以破律",案例对执法工作的指导意义和参考价值向来被各级地震执法机关所重视。中国地震局曾于2003年、2014年两次组织评选全国典型行政执法案例,并两次出版《地震行政执法案例选编》具体指导地震行政执法工作,各级地震部门都非常认可典型执法案例对地震行政执法工作的作用。这本书下篇遴选了甘肃省近十年来(2011—2021年)办理过的有典型代表性的执法案例进行介绍,并从法律依据、案件事实、办案程序、法律适用等方面进行了客观评析,并对铁路建设、高速公路建设、国家电网等不同行业工程建设危害地震监测设施和观测环境行政执法要点、流程等进行了总结和分析,对指导执法办案实践具有较强的参考作用。

法治建设工作是防震减灾工作中非常重要的一部分,对地震监测设施和观测环境保护行政执法进行专题研究具有代表性,也能直接促进防震减灾法治的发展。希望广大的防震减灾法治工作者,以执法理论为科学指导,依照执法技术规范,将执法事项与要求落实到地震行政执法工作中,实现精准、精细执法,同时实现有力、有温度的执法,持续推进地震行政执法改革化、正规化、专业化、职业化,整体提高地震行政执法质量。同时希望有更多年轻的防震减灾法治工作者能"静下心来、沉下身"来从事防震减灾法治建设研究工作。

石玉成(甘肃省地震局局长、研究员)
2022年9月于兰州

前　言

随着我国防震减灾法律体系的不断完善,防震减灾类的法律规范相对来说已经比较充足,如何确保防震减灾法律法规得到有效实施,成为新时期防震减灾法治建设的关键。地震行政执法能最直观地反映防震减灾的行政能力与行政效能,它关系到防震减灾法律秩序的形成与稳定,有效地开展防震减灾行政执法,决定着国家防震减灾法治建设的整体质量。在中国法治理念、行政执法制度、行政执法体制不断变革的情形下,地震行政执法实践工作中实际还未做到"紧跟上时代步伐"。"约束权力""保障权利"是法治社会建设的主流价值观,也是地震行政管理改革的主要趋势,在此背景下,地震部门的行政许可的职权事项在不断减少,但这并非代表地震行政执法职能的弱化,反而是敦促地震工作主管部门,在不断适应由"管理者"向"服务者"角色转变的同时,要加强事中事后监督机制。因此,我认为作为地震行政执法人员,要对防震减灾法律法规章做两个维度的熟知,一个维度是"熟知防震减灾法律法规内容",另一个维度是"掌握如何运用防震减灾法律法规"。地震监测设施和观测环境保护行政执法工作占地震行政执法中的较大体量,对其研究一方面是具有地震行政执法方面的代表性,另一方面也具有实际操作的应用意义。

2020年我接受中国地震局法规司(公共服务司)的委托,对地震监测设施和观测环境保护法律制度进行了深入研究,并撰写出版一本专著——《地震监测设施和观测环境保护法律制度研究》,该部专著主要从法学角度出发,对地震监测设施和观测环境保护相关法律制度理论进行了深入研究。2021年我作为主要编写人完成了中国地震局法规司(公共服务司)组织的《地震行政执法指南》(已出版)。2022年我作为主要编写人完成了中国地震局法规司(公共服务司)组织编写的全国执法培训教材——《地震行政执法手册》(待出版),这两本书都比较泛地讲解了地震行政执法的相关内容,并未专门针对地震监测设施和观测环境保护行政执法工作进行专题解析。从地震行政执法实践层面来看,一线地震行政执法人员可能"熟知防震减灾法律法规",但具体到操作上,就不知道怎么做。于是,我就萌发了一个想法,从地震行政执法工作实务的角度去专门研究地震监测设施和观测环境保护行政执法工作具体"应该做些什么,应该怎么干,怎么干才能符合当下行政执法的要求"。

本书分为三篇,上篇是执法理论篇,主要是对我的上一本书《地震监测设施和观测环境保护法律制度研究》中行政执法部分内容的细化和补充。第一章详细梳理了地震监测设施和观测环境保护行政执法的法律适用问题;第二章分析论述了新时期党和政府对地震行政执法工作的领导及新时期对地震行政执法工作的具体要求;第三章对地震监测设施和观测环境保护行政执法实践中运用非常多的行政协议行为进行了系统分析;第四章研究了行政执法案例指导制度,并以现行地震行政执法为起点,分析了该项制度在地震行政执法中的实现。

2021年我作为主要评查人参加中国地震局法规司(公共服务司)组织的全国地震行政执法案卷评查工作,在梳理地震系统近30

年的地震行政执法信息时发现，各级地震行政执法机关上报的执法案例在案情梳理、执法依据、执法流程、执法决定等方面都不太规范，这将严重影响依法行政落实及地震行政执法质量。我在本书的中篇专门对地震监测设施和观测环境保护行政执法工作进行了分类，对每类执法都配备了执法流程中所需的法律文书，并且对案卷组成标准与归档要求也进行了说明。

多年来，我一直在一线从事地震监测设施和观测环境保护行政执法工作，作为主要参加人也办理了多起地震监测设施和观测环境保护行政执法工作，在本书的下篇，根据办理案件的不同类型我选取了比较有代表性的部分案例，每则案例都在介绍案件情况和具体办案过程的基础上，根据相关法律、法规、规章和相关国家标准，从法律理论、法律程序和执法实践等方面进行了客观的评析。

我写作本书的另外一个重要目的是想帮助一线地震行政执法人员以符合当下行政执法要求的角度去办理相关案件。当下国家层面的行政执法改革对地震行政执法人员提出以下要求：程序上要求地震行政执法人员严格按照相关程序适用防震减灾法律法规规章，比如严格按照行政执法"三项制度"要求开展地震监测设施和观测环境保护行政执法；实体上要求地震行政执法人员熟知防震减灾法律、法规、规章的内容规定，根据地震行政执法的内涵、行政相对人的违法行为构成，对具体内容进行分析，并了解当前行政执法的热点难点，以及地震行政执法与社会、与体制改革的关系。当下的行政执法工作无论从执法体制、执法方式、执法内容上都在发生变化，地震监测设施和观测环境保护行政执法工作也要紧跟时代。

上篇　　执法理论

第一章　地震监测设施和观测环境保护法律适用 ……3

一、行政执法法律适用概述 ……3
二、正确适用法律的基本要求 ……3
三、法律规范冲突及其适用规则 ……5
四、地震监测设施和观测环境保护的法律渊源 ……6

第二章　行政执法领导与要求 ……18

第一节　地震行政执法领导 ……18
一、党对地震行政执法工作的领导 ……18
二、政府对地震行政执法工作的领导 ……20

第二节　地震行政执法要求 ……20
一、人民满意 ……20
二、严格规范公正文明 ……21

第三章　地震监测设施和观测环境保护行政协议行为 ………… 22

一、行政协议概述 …………………………………………… 22

二、地震监测设施和观测环境保护行政协议的法律特征 … 22

三、签订地震监测设施和观测环境保护行政协议应当遵守的原则 ……………………………………………………… 24

四、签订地震监测设施和观测环境保护行政协议的程序 … 25

第四章　地震行政执法案例指导制度探析 ……………… 27

一、行政执法案例指导制度的概念 ………………………… 27

二、行政执法案例指导制度演进 …………………………… 27

三、行政执法案例指导的功能 ……………………………… 28

四、行政执法案例指导制度在地震部门的应用现状 ……… 30

五、现行地震行政执法案例指导制度存在的问题 ………… 31

六、完善地震行政执法案例指导制度的设想与建议 ……… 33

中篇　　执法要件与法律文书

第五章　地震监测设施和观测环境保护行政许可要件与法律文书 ……………………………………………………… 39

第一节　地震监测设施和观测环境保护行政许可要件 …… 39

一、地震行政机关具有行政许可管辖权 …………………… 39

二、执法人员符合规定 ……………………………………… 40

三、符合法律依据和事实根据 …………………………41

四、符合行政许可程序要件 ……………………………42

第二节 地震监测设施和观测环境行政许可法律文书 ……46

一、地震监测设施和观测环境保护行政许可内部审批表 …46

二、地震监测设施和观测环境保护范围内新建、扩建、改建建设工程行政许可不受理告知书 ……………………48

三、地震监测设施和观测环境保护范围内新建、扩建、改建建设工程行政许可受理通知书 …………………………49

四、地震监测设施和观测环境保护范围内新建、扩建、改建建设工程行政许可不予受理通知书 ……………………50

五、地震监测设施和观测环境保护范围内新建、扩建、改建建设工程行政许可申请材料补正告知书 ………………51

六、地震监测设施和观测环境保护范围内新建、扩建、改建建设工程行政许可重大利益听证告知书 ………………52

七、地震监测设施和观测环境保护范围内新建、扩建、改建建设工程准予行政许可决定书 …………………………53

八、地震监测设施和观测环境保护范围内新建、扩建、改建建设工程不予行政许可决定书 …………………………54

第六章 地震监测设施和观测环境保护行政处罚要件与法律文书 ………………………………………………………55

第一节 地震监测设施和观测环境保护行政处罚要件 ……55

一、地震监测设施和观测环境保护行政处罚实行简易程序当场给予行政处罚要件 ……………………………………56

二、地震监测设施和观测环境保护行政处罚实行普通程序要件 …………………………………………………………………… 59

第二节　地震监测设施和观测环境保护行政处罚法律文书 …………………………………………………………………… 63

一、地震监测设施和观测环境保护行政处罚立案审批表 …63

二、地震监测设施和观测环境保护行政处罚销案审批表 …65

三、地震监测设施和观测环境保护行政处罚现场检查(勘察)笔录 …………………………………………………………… 67

四、地震监测设施和观测环境保护行政处罚调查询问笔录 …………………………………………………………………… 69

五、地震监测设施和观测环境保护行政处罚采样取证登记单 …………………………………………………………………… 71

六、地震监测设施和观测环境保护现场照片(图片、影像资料)证据 …………………………………………………………… 73

七、地震监测设施和观测环境保护行政处罚案件调查报告 …………………………………………………………………… 74

八、地震监测设施和观测环境保护行政处罚事先听证告知书 …………………………………………………………………… 76

九、地震监测设施和观测环境保护行政处罚听证通知书 …78

十、地震监测设施和观测环境保护行政处罚听证笔录 ……80

十一、地震监测设施和观测环境保护行政处罚听证报告 …82

十二、地震监测设施和观测环境保护行政处罚案件集体讨论笔录 …………………………………………………………… 84

十三、地震监测设施和观测环境保护行政处罚决定书 ……86

十四、地震监测设施和观测环境保护行政执法文书送达回证 …………………………………………………………………88

  十五、地震监测设施和观测环境保护行政处罚同意分期(延期)缴纳罚款通知书 …………………………………………89

  十六、地震监测设施和观测环境保护行政处罚案件结案审批表 …………………………………………………………………91

  十七、地震监测设施和观测环境保护行政处罚案卷组成 …92

第七章 地震监测设施和观测环境保护行政检查要件与法律文书 ……………………………………………………………94

第一节 地震监测设施和观测环境保护行政检查要件 ……95
  一、地震行政机关具有行政检查职权 ……………………95
  二、执法人员符合规定 ……………………………………96
  三、符合法律依据和检查理由 ……………………………96
  四、行政检查程序要件 ……………………………………96

第二节 地震监测设施和观测环境行政检查法律文书 …102
  一、危害地震监测设施和观测环境的行政检查实施方案 …102
  二、增设抗干扰设施或新建地震监测设施情况行政检查实施方案 ………………………………………………………104
  三、地震监测设施和观测环境保护行政检查协助调查函 …106
  四、地震监测设施和观测环境保护行政检查告知书 ………107
  五、地震监测设施和观测环境保护行政检查询问笔录 ……109
  六、地震监测设施和观测环境保护现场行政检查记录 ……111
  七、地震监测设施和观测环境保护行政检查结果意见书 …113

八、地震监测设施和观测环境保护行政检查责令限期整改指令书 ·· 115

九、地震监测设施和观测环境保护行政检查整改复查意见书 ·· 117

下篇　典型案例介绍与评析

第八章　高速公路建设危害地震监测设施和观测环境行政执法典型案例评析及执法要点解析 ················ 121

第一节　典型案例介绍与评析 ················ 121

【案例一】甘肃省交通厅武罐高速第四合同段建设危害陇南汉王台监测设施和观测环境案 ················ 121

【案例二】平定高速建设危害平凉崆峒地震台监测设施和观测环境案 ················ 128

【案例三】甜永高速建设危害环县地震台监测设施和观测环境案 ················ 136

第二节　高速公路建设危害地震监测设施与观测环境行政执法要点解析 ················ 142

一、高速公路建设危害地震监测设施和观测环境执法要点总结 ················ 142

二、目前此类执法存在的问题 ················ 145

三、相关执法工作建议 ················ 147

四、相关法律依据⋯⋯⋯⋯⋯⋯⋯⋯⋯⋯⋯⋯⋯⋯⋯⋯149

第九章　铁路建设危害地震监测设施和观测环境行政执法的典型案例评析与执法要点解析⋯⋯⋯⋯⋯⋯⋯⋯⋯150

　　第一节　典型案例介绍与评析⋯⋯⋯⋯⋯⋯⋯⋯⋯⋯⋯150
　　　　【案例一】兰渝铁路建设危害陇南中心地震台观测环境案⋯⋯⋯⋯⋯⋯⋯⋯⋯⋯⋯⋯⋯⋯⋯⋯⋯⋯⋯⋯⋯⋯⋯⋯150
　　　　【案例二】兰新铁路客运专线建设危害柳园地震台测震监测设施和观测环境案⋯⋯⋯⋯⋯⋯⋯⋯⋯⋯⋯⋯⋯⋯⋯157
　　　　【案例三】宝兰高铁建设影响危害通渭地震台地电阻率观测环境案⋯⋯⋯⋯⋯⋯⋯⋯⋯⋯⋯⋯⋯⋯⋯⋯⋯⋯⋯⋯164
　　第二节　铁路建设危害地震监测设施与观测环境行政执法要点解析⋯⋯⋯⋯⋯⋯⋯⋯⋯⋯⋯⋯⋯⋯⋯⋯⋯⋯⋯⋯⋯174
　　　　一、铁路建设危害地震监测设施和观测环境执法要点总结⋯⋯⋯⋯⋯⋯⋯⋯⋯⋯⋯⋯⋯⋯⋯⋯⋯⋯⋯⋯⋯⋯⋯⋯⋯174
　　　　二、目前此类执法存在的问题⋯⋯⋯⋯⋯⋯⋯⋯⋯⋯175
　　　　三、相关执法工作建议⋯⋯⋯⋯⋯⋯⋯⋯⋯⋯⋯⋯176
　　　　四、相关法律依据⋯⋯⋯⋯⋯⋯⋯⋯⋯⋯⋯⋯⋯⋯178

第十章　国家电网建设危害地震监测设施和观测环境行政执法典型案例评析⋯⋯⋯⋯⋯⋯⋯⋯⋯⋯⋯⋯⋯⋯⋯⋯⋯179

　　【案例一】330千伏武都输变电站建设危害汉王地震台地电、地磁观测环境案⋯⋯⋯⋯⋯⋯⋯⋯⋯⋯⋯⋯⋯⋯⋯179

第十一章　多方行政相对人危害地震监测设施和观测环境保护行政执法典型案例评析 ·················· 189

　【案例一】天水林学院等行政相对人危害天水地电台监测设施和观测环境案 ·················· 189

第十二章　企业工程建设危害地震监测设施和观测环境行政执法典型案例评析 ·················· 199

　【案例一】广成山庄建设危害平凉崆峒地电台地震监测设施和观测环境案 ·················· 199

参考文献 ······················· 213

后　记 ······················· 221

上篇 执法理论

第一章 地震监测设施和观测环境保护法律适用

地震行政机关的执法活动是一项经常性的管理防震减灾公共事务的治理活动,是维护公民、法人和其他组织合法权益的最主要的形式。地震监测设施和观测环境保护工作中的执法活动非常多,而正确的适用法律是保障地震监测设施和观测环境保护工作实现的最重要的途径。防震减灾法律规范中对地震监测设施和观测环境保护行政处罚等行政裁量通常没有作出明示性的规定,而是隐含在法律规定之间,只有在具体法律适用过程中才能显现出来。

一、行政执法法律适用概述

行政执法是法治建设过程(立法—执法—司法—守法)中的一个重要环节,是将国家的法律意志转化为社会秩序的国家治理活动。执法本身又是一个法律适用过程,是将法律规范应用于客观事实的法治过程。正确适用法律是依法治国、依法行政的基本要求,同时也是依法治国、依法行政的衡量标准。法律不能被正确地适用,就谈不上依法治国和依法行政。因为,适用法律错误必然将导致执法结果的错误,从而导致行政违法。

二、正确适用法律的基本要求

(一)适用法律必须明确、具体和全面

1.适用法律必须明确

任何公权力的形式都必须具有法律上的授权,否则就会因缺乏法律依据从而构成越权,在越权的情况下,作出的任何行为都是无效的。行政执法机关在作出具体执法决定时,必须要有法律依据,且在表明自己的行为依据时,必须明确适用的是哪一部法律,并列明该法律的全称。

2.适用法律必须准确

法律规范中不同条款的适用情形都不同,所以,行政执法机关在执法过程中必须在有明确的行为依据的基础上,具体指出适用该法律的某条、某款、某项、某目等。

3.适用法律必须全面

行政执法机关在作出执法决定时,依据了多少法律规范,都必须全部写出来,不能只写其中一个。如果有法律规定,必须优先引用法律规定,再引用根据法律制定的其他规范性法律文件。如果有法律而不引用,只引用低位阶的规范性法律文件,那么属于适用法律不正确。

(二)应当适用有效的法律规范

行政执法主体在作出决定时,应适用有效的法律规范。有效的法律规范须符合以下标准:①公开。所有的法律规范都必须公布,没有公布的法律文件均无效。②不得与上位法相抵触。下位法的效力来自于上位法的授权,下位法只能在上位法授权的范围内作出规定,不能与上位法相抵触。③行政机关内部机构或内设机构无权制定对外生效的法律文件。④内部行政行为对外无效。

(三)适用制定机关没有越权制定的法律文件

行政机关在制定法律文件时,只能在宪法和法律授权的范围内规定相关的内容,如果在制定的法律文件中,规定自己无权规定的内容,该法律文件应当无效。

三、法律规范冲突及其适用规则

(一)不同等级的法律规范之间的冲突

我国法律体系的层级主要有法律、行政法规、地方性法规、规章、自治条例和单行条例。因下级法律规范的法律效力低于上级法律规范,在下级法律规范与上级法律规范发生冲突时,下级法律规范无效,应当适用上级法律规范。

(二)同等级的法律规范之间的冲突

同等级的法律规范之间的冲突,分为两种:一是同一机关制定的法律规范之间的冲突;二是不同机关制定的法律规范之间的冲突。

1. 同一机关制定的相互冲突的法律规范适用原则

(1)一般法与特别法发生冲突时,特别法优于一旧法。

(2)特别法之间或一般法之间发生冲突时,新法优于旧法。

2. 不同机关制定的相互冲突的法律规范的规则

适用法律的行政机关应当报请有权机关进行解释或裁决。根据《立法法》规定,地方性法规、规章之间不一致,由有关机关依照下列规定的权限作出裁决:①同一机关制定的新的一般规定与旧的特别规定不一致时,由制定机关裁决。②地方性法规与部门规章之间对同一事项规定不一致,不能确定如何适用时,由国务院提出意见,国务院认为应当适用地方性法规的,应当决定适用地方性法规;国务院认为应当适用部门规章的,应当提请全国人民代表大会常务委员会裁决。③部门规章之间、部门规章与地方性规章之间对同一事项的规定不一致,由国务院裁决。根据授权制定的法规与法律规定不一致,不能确定如何适用时,由全国人民代表大会常务委员会裁决。

四、地震监测设施和观测环境保护的法律渊源

(一)宪法

我国宪法中关于地震监测设施和观测环境保护制度的法律渊源,主要有以下几个方面:

1.关于地震监测设施和观测环境保护行政管理活动基本规则的规范

《中华人民共和国宪法》中关于依法治国、建设法治国家的原则、人民参与国家管理的原则、保障人权和保障公民权利自由的原则、法治统一的原则等基本原则的规范,适用所有行政管理活动,当然也适用于地震监测设施和观测环境保护行政管理活动。

2.关于国家行政机关组织、基本工作制度和职权的规范

地震监测设施和观测环境保护工作的主体、层级及基本工作制度适用宪法中的相关规定。

3.关于公民的基本权利和义务的规范

宪法中对公民的批评权、建议权、申诉权等内容的规定,在地震监测设施和观测环境保护工作中同样适用。

4.关于公共财产和集体财产的规定

宪法第十二条中规定:"社会主义的公共财产神圣不可侵犯。国家保护社会主义的公共财产。禁止任何组织或者个人用任何手段侵占或者破坏国家的和集体的财产。"地震监测设施是属于公共财产,宪法中纲领性地对其保护作了规定。

(二)法律

我国法律中关于地震监测设施和观测环境保护制度的法律渊源主要是《中华人民共和国防震减灾法》,该法中对这一制度的规

定主要有以下方面：

1.禁止侵占、损毁、拆除或擅自移动地震监测设施

《中华人民共和国防震减灾法》第二十三条第一款是原则性规定国家依法保护地震监测设施。第二款对单位和个人设立了不得侵占、损毁、拆除或者擅自移动地震监测设施的禁止性法律义务；并规定当地震监测设施遭到破坏时，县级以上地方人民政府负责管理地震工作的部门或者机构，应当采取紧急措施组织修复，确保地震监测设施正常运行[①]。本条中的"不得侵占"是指任何单位、个人或其他组织不得非法将地震监测设施挪作他用，其中包括地震工作主管部门或机构及其工作人员，也包括地震工作主管部门或机构以外的其他政府部门、其他单位、个人和其他组织。"不得毁损"是指任何单位、个人或其他组织不得以任何理由部分或整体毁损地震监测设施。"不得拆除"是指任何单位、个人或其他组织不得非法将地震监测设施部分或整体拆除。"不得擅自移动"是指不得部分或整体移动地震监测设施。

2.被破坏的地震监测设施须及时修复

《中华人民共和国防震减灾法》第二十三条第一款规定，地震监测设施遭到破坏的，县级以上地方人民政府负责管理地震工作

[①] 参见《中华人民共和国防震减灾法》第二十三条：国家依法保护地震监测设施和地震观测环境。任何单位和个人不得侵占、毁损、拆除或者擅自移动地震监测设施。地震监测设施遭到破坏的，县级以上地方人民政府负责管理地震工作的部门或者机构应当采取紧急措施组织修复，确保地震监测设施正常运行。任何单位和个人不得危害地震观测环境。国务院地震工作主管部门和县级以上地方人民政府负责管理地震工作的部门或者机构会同同级有关部门，按照国务院有关规定划定地震观测环境保护范围，并纳入土地利用总体规划和城乡规划。

的部门或机构应当采取紧急措施组织修复,确保地震监测设施正常运行。修复费用应当由造成破坏的单位、个人或其他组织承担。

3.新建、扩建、改建建设工程保护地震监测设施要求

《中华人民共和国防震减灾法》第二十四条第一款第一句规定:新建、扩建、改建建设工程,应当避免对地震监测设施造成危害。这里的建设工程泛指一切建设工程,包括国家、地方、集体和个人新建的各种工程设施和建筑物。第二句规定:建设国家重点工程,确实无法避免的,建设单位应当按照县级以上人民政府负责管理地震工作的部门或者机构的要求,增建抗干扰设施;不能增建抗干扰设施的,应当新建地震监测设施[①]。

国家重点工程建设因任何原因受到影响都会对国家和社会产生不利影响。因此,在建设国家重点工程时,确实无法避免对地震监测和观测环境造成影响的情况下,可以允许采取相应的补救措施,补救措施分为两类:第一类是增建抗干扰设施,这类措施不需要对原监测设施进行拆建、重建,是在原地对原有地震监测设施增设抗干扰的手段;第二类是新建地震监测设施,是对原地震监测设施进行拆迁,异地重建。究竟采取哪一种措施来保护地震监测设施和观测环境,由有关地震工作主管部门或者机构,根据实际情况确定。

---

① 参见《中华人民共和国防震减灾法》第二十四条:新建、扩建、改建建设工程,应当避免对地震监测设施和地震观测环境造成危害。建设国家重点工程,确实无法避免对地震监测设施和地震观测环境造成危害的,建设单位应当按照县级以上地方人民政府负责管理地震工作的部门或者机构的要求,增建抗干扰设施;不能增建抗干扰设施的,应当新建地震监测设施。对地震观测环境保护范围内的建设工程项目,城乡规划主管部门在依法核发选址意见书时,应当征求负责管理地震工作的部门或者机构的意见;不需要核发选址意见书的,城乡规划主管部门在依法核发建设用地规划许可证或者乡村建设规划许可证时,应当征求负责管理地震工作的部门或者机构的意见。

新建地震监测设施或增建抗干扰设施的费用由建设单位承担。

4.禁止危害地震观测环境

《中华人民共和国防震减灾法》第二十三条第一款原则性地规定了国家依法保护地震观测环境。第三款中设定了任何单位和个人不得危害地震观测环境的禁止性义务，并规定国务院地震工作主管部门和县级以上地方人民政府负责管理地震工作的部门或者机构会同同级自然资源等有关部门，按照国务院有关规定划定的地震观测环境保护范围，并将其纳入国土空间规划、土地利用总体规划和城乡规划。

5.新建、扩建、改建建设工程保护地震观测环境的要求

《中华人民共和国防震减灾法》第二十四条规定，新建、扩建、改建建设工程，应当避免对地震观测环境造成危害。建设国家重点工程，确实无法避免的，建设单位应当按照县级以上人民政府负责管理地震工作的部门或者机构的要求，增建抗干扰设施；不能增建抗干扰设施的，应当新建地震监测设施。

《中华人民共和国防震减灾法》第二十四条第二款规定，对地震观测环境保护范围内的建设工程项目，自然资源部门[①]在依法核发选址意见书时，应当征求负责管理地震工作的部门或者机构的意见；不需要核发选址意见书的，自然资源部门在依法核发建设用地规划许可证或者乡村建设规划许可证时，应当征求负责管理地震工作的部门或者机构的意见。本条中的核发选址意见书和向负责管理地震工作的部门或者机构征求意见是避免新建、扩建、改建建设工程对地震观测环境造成破坏的最有效监管措施，在工程建

---

① 2018年机构改革前为"城乡规划主管部门"。

设开始之前就考虑到保护地震观测环境，可以选择重新选址、考虑建设成本，避免资源浪费。

6.法律责任

《中华人民共和国防震减灾法》第八十四条规定，有侵占、损毁、拆除或者擅自移动地震监测设施或危害地震观测环境行为的，由国务院地震工作主管部门或者县级以上地方人民政府负责管理地震工作的部门或者机构责令停止违法行为，恢复原状或者采取其他补救措施；造成损失的，依法承担赔偿责任。单位有前款所列违法行为，情节严重的，处二万元以上二十万元以下的罚款；个人有前款所列违法行为，情节严重的，处二千元以下的罚款。构成违反治安管理行为的，由公安机关依法给予处罚[①]。

《中华人民共和国防震减灾法》第八十五条规定，违反本法规定，未按照要求增建抗干扰设施或者新建地震监测设施的，由国务院地震工作主管部门或者县级以上地方人民政府负责管理地震工作的部门或者机构责令限期改正；逾期不改正的，处二万元以上二

---

① 参见《中华人民共和国防震减灾法》第八十四条：违反本法规定，有下列行为之一的，由国务院地震工作主管部门或者县级以上地方人民政府负责管理地震工作的部门或者机构责令停止违法行为，恢复原状或者采取其他补救措施；造成损失的，依法承担赔偿责任：

（一）侵占、毁损、拆除或者擅自移动地震监测设施的；

（二）危害地震观测环境的；

（三）破坏典型地震遗址、遗迹的。

单位有前款所列违法行为，情节严重的，处二万元以上二十万元以下的罚款；个人有前款所列违法行为，情节严重的，处二千元以下的罚款。构成违反治安管理行为的，由公安机关依法给予处罚。

十万元以下的罚款;造成损失的,依法承担赔偿责任。①

(三)行政法规

行政法规中关于地震监测设施和观测环境保护制度的法律渊源主要是《地震监测管理条例》,主要有以下方面:

1.原则性规定

《地震监测管理条例》第二十五条第一款也是原则性规定,第二款对地震监测设施所在地的市、县人民政府设定了义务,要求其应当加强对地震监测设施的保护工作。本条第三款设定了单位和个人保护地震监测设施的义务,并规定单位和个人对破坏地震监测设施有权举报②。

2.列举禁止占用、拆除、损坏地震监测设施

《地震监测管理条例》第二十六条规定禁止占用、拆除、损坏下列地震监测设施:

(1)地震监测仪器、设备和装置

地震监测仪器是指地震监测数据采取采集、控制、预处理等的硬件。地震监测设备保证仪器正常工作的辅助部分和后续管理、数据处理部分的硬件。地震监测装置是指除仪器、设备之外的保

---

① 参见《中华人民共和国防震减灾法》第八十五条:违反本法规定,未按照要求增建抗干扰设施或者新建地震监测设施的,由国务院地震工作主管部门或者县级以上地方人民政府负责管理地震工作的部门或者机构责令限期改正;逾期不改正,处二万元以上二十万元以下的罚款;造成损失的,依法承担赔偿责任。

② 参见《地震监测管理条例》第二十五条:国家依法保护地震监测设施和地震观测环境。地震监测设施所在地的市、县人民政府应当加强对地震监测设施和地震观测环境的保护工作。任何单位和个人都有依法保护地震监测设施和地震观测环境的义务,对危害、破坏地震监测设施和地震观测环境的行为有权举报。

障、配套部分的硬件。

(2)地震监测使用的山洞、观测井(泉)

山洞是用于安装高精度仪器、设备的场所。观测井是用于地下流体观测或安装有关学科的井下监测设施。

(3)地震监测台网中心、中继站、遥测点(子台)的用房

台网中心用于监控、收集、处理、传送、保管各遥测点数据,是整个台网的信息枢纽,一般有人值守。中继站是向台网中心集中传输子台数据的中继设备。遥测点(子台)一般无人值守,利用仪器、设备自动采集,以有线或无线的方式传输到台网中心,进行集中记录和数据处理。

(4)地震监测标志

地震监测标志是用于标明地壳形变、重力、地磁、地电、地下流体等观测具体范围和要求的标记,多采用地表明标,用石材、混凝土、金属等。严禁损毁、玷污、涂改地震监测标志上的标记符号及文字说明,严禁破坏、移动监测标志。

(5)地震监测专用无线通信频段、信道和通信设施

地震监测中数据线就是生命线,因为保障地震监测数据流通畅非常重要。

(6)用于地震监测的供电、供水设施

供电、供水是地震监测系统正常运转的基本保障,其设施必须予以保护。

3. 标明地震监测设施与观测环境保护范围

《地震监测管理条例》第二十九条规定:县级以上地方人民政府负责管理地震工作的部门或者机构,应当会同有关部门在地震监测设施附近设立保护标志,标明地震监测设施和地震观测环境

保护的要求。

4.地震监测设施分布点及观测环境保护范围的报告、通报

《地震监测管理条例》第三十条规定：县级以上地方人民政府负责管理地震工作的部门或者机构，应当将本行政区域内的地震监测设施的分布地点及其保护范围，报告当地人民政府，并通报同级公安机关和自然资源①等部门。

5.新建、扩建、改建建设工程保护地震监测设施要求

《地震监测管理条例》第三十二条规定，新建、扩建、改建建设工程，应当遵循国家有关测震、电磁、形变、流体等地震观测环境保护的标准，避免对地震监测设施和地震观测环境造成危害。对在地震观测环境保护范围内的建设工程项目，县级以上地方人民政府自然资源部门②在核发选址意见书时，应当事先征求同级人民政府负责管理地震工作的部门或者机构的意见；负责管理地震工作的部门或者机构应当在10日内反馈意见。

6.建设国家重点工程保护地震监测设施和观测环境要求

《地震监测管理条例》第三十三条规定，建设国家重点工程，确实无法避免对地震监测设施和地震观测环境造成破坏的，建设单位应当按照县级以上地方人民政府负责管理地震工作的部门或者机构的要求，增建抗干扰设施或者新建地震监测设施后，方可进行建设。

需要新建地震监测设施的，县级以上地方人民政府负责管理地震工作的部门或者机构，可以要求新建地震监测设施正常运行1年以后，再拆除原地震监测设施。

---

① 2018年机构改革前为"国土资源、城乡规划、测绘等部门"。
② 2018年机构改革前为"城乡规划主管部门"。

本条第一款、第二款规定的措施所需费用,由建设单位承担。

7.地震观测环境保护范围划定

《地震监测管理条例》第二十七条对划定地震观测环境保护范围作了更具体的规定。该范围的划定主体是由县级以上人民政府负责管理地震工作的部门或者机构会同住建、自然资源等部门完成。

8.列举地震观测环境保护禁止性行为

《地震监测管理条例》第二十八条规定了禁止在已划定地震观测环境保护范围内从事以下活动:

(1)禁止在地震观测环境保护范围内爆破、采矿、采石、钻井、抽水、注水

爆破包含强震动的烟花、爆竹燃放及其他工程类爆破;采矿、采石包括大量挖土工程、大型开挖性枢纽工程、大型涵洞建造等;钻井包括机械钻探和人工浅井、明渠、暗道工程等;抽水、注水指大量开采地表、地下水、地下注水,大量抽油、抽气等。上述活动引起的地面震动,轻则增加地震仪背景噪声,降低仪器监测能力,重则掩盖真实地震波记录,导致仪器失明、失真、畸变错记。钻井、抽水、注水会导致监测区地表升降、地下含水层状态改变等。当区域地下物质密度、介质参数发生人为性变化,地震监测就失去了意义。

(2)禁止在测震观测环境保护范围内设置无线信号发射装置、进行振动作业和往复机械运动。这里的无线电信号发射装置系指各种功率、频段的无线电发射电台、差转台、大功率电信发射装置等。因为台网的数据采集和传输采用电磁信号,在观测环境保护范围内设置无线电发射装置必将影响监测仪器和数据传输设备的正常工作,轻则影响数据的记录、传输,重则导致仪器无法工作。

振动干扰与前述无线电信号发射装置系统同理。

(3)禁止在电磁观测环境保护范围内铺设金属管线、电力电缆线路、堆放磁性物品和设置高频电磁辐射装置

地磁观测是直接测定监测区的地磁场,其灵敏度非常高。上述干扰源进入电磁场测区改变了原来正常的电磁背景场,造成无法观测。地电观测是通过布在地下的电极来测量观测区内地壳介质的电阻率及自然电位的变化,以此来分析地震活动的前兆信息,上述干扰源人为地使电阻率数发生变化,而使其失去改变其监视地震前兆信息的功能。

(4)禁止在地形变观测环境保护范围内进行振动作业

在场区振动作业,使观测标志空间位置和应力应变状态发生人为变化,使观测失真。

(5)禁止在地下流体观测环境保护范围内堆积和填埋垃圾、进行污水处理

地下流体观测主要观测地下水、地下气的物理、化学参数变化。其中观测的物理参数有井水位(压)、井水温等,需观测的化学参数有金泉的水氡和气氡的浓度、水汞和气汞的浓度、井泉水气体与离子浓度以及断层带土壤气体成分和浓度等。地下流体观测要连续监视观测对象的动态变化,从中获取信息变化。如保护区内有垃圾、污水等污染物,水源震颤过的物理、化学状态就会发生变化,地震监测就会失真。

(6)禁止在观测线和观测标志周围设置障碍物或者擅自移动地震观测标志

地震观测过程中需要观测点间相互通视,如地壳形变观测中物理测距、基线丈量、三角测量及地磁偏角测量等都需要观测标志

间相互通视。因此，禁止在测线和观测标志周围设置障碍物、建筑物，种植树木、较高的植被等。擅自移动测量标志，会改变测点坐标或高程，从而丧失了高精度观测的意义，也使观测资料失去连续性。

9.法律责任

《地震监测管理条例》第三十六条规定，有本条例第二十六条中占用、拆除、损坏地震监测设施或有本条例第二十八条之破坏地震观测环境行为的，由国务院地震工作主管部门或者县级以上地方人民政府负责管理地震工作的部门或者机构给予警告，责令停止违法行为，对个人可以处5000元以下的罚款，对单位处以2万元以上10万元以下的罚款；构成犯罪的，依法追究刑事责任；造成损失的，依法承担赔偿责任。

《地震监测管理条例》第三十七条规定，违反本条例的规定，建设单位从事建设活动时，未按照要求增建抗干扰设施或者新建地震监测设施，对地震监测设施或者地震观测环境造成破坏的，由国务院地震工作主管部门或者县级以上地方人民政府负责管理地震工作的部门或者机构责令改正，限期恢复原状或者采取相应的补救措施；情节严重的，依照《中华人民共和国防震减灾法》第八十五条的规定处以罚款；构成犯罪的，依法追究刑事责任；造成损失的，依法承担赔偿责任。

(四)地方性法规

《防震减灾法》2008年修订颁布后，各省、自治区、直辖市均出台省级地方性法规，其中北京市出台北京实施《中华人民共和国防震减灾法》规定，上海、湖南、西藏、新疆出台实施《中华人民共和国防震减灾法》办法，其他省、自治区、直辖市均出台省防震减灾条例,其中均有地震监测设施和观测环境保护的相关内容。山东出台《山东省地震监测设施和观测环境条例》,江苏出台《关于加强地震观测环境保护的决定》,专门强调地震监测设施和观测环境保护工作的重要性。

(五)规章

部门规章中《地震行政执法规定》中涉及地震监测设施和观测环境保护行政执法中的相关内容。河北、安徽、四川、西藏、甘肃均以省政府规章的形式专门强调地震监测设施和观测环境保护。

(六)其他法相关法律

地震监测设施和观测环境工作涉及多种关系和内容,其他法律中也广泛存在着某些与地震监测设施和观测环境相关的制度。这些制度可能是某部法律的个别章节,也可能仅是个别条款。

(七)国家标准

地震标准有国家标准、省级标准和行业标准,地震监测设施和观测环境保护工作中应用最多的是国家标准。地震标准均是非强制性标准,根据《中华人民共和国立法法》之规定,各类地震标准不属于正式的法律渊源,不能作为地震监测设施和观测环境保护工作中判断行政相对人是否违法的裁量依据,但在裁量中可以作为一种法律事实或证据加以援引。

第二章　行政执法领导与要求

第一节　地震行政执法领导

一、党对地震行政执法工作的领导

地震行政执法是地震行政执法机关履行防震减灾职能、管理防震减灾相关事务、规范防震减灾法律关系的主要方式。党的领导贯彻到依法治国的全过程和各方面，当然也包括地震行政执法。党通过统一领导、统一部署、统筹协调等方式，明确地震行政执法工作方向、确定地震行政执法工作内容、提供地震行政执法保障，保证地震行政执法工作得以实现。党与地震行政执法巩固中的领导，主要特征是"保证执法"。

党保证地震行政执法，要求地震行政执法做到以下方面。

（一）执法为民

党保证地震行政执法"执法为民"

社会主义法治的本质要求是执法为民，执法为民就是执法造福人民、执法依靠人民、执法保护人民。执法为民要求地震行政执法要做到：

1.忠于宪法、党章

宪法是治国安邦的根本大法，党章是管党治党的最高依据。

地震行政执法工作人员,无论是中国共产党党员还是非党员,地震行政执法的依据是以宪法为统领的法律规范,但执法的价值追求和实现标准是严于法律的党规党纪,只有这样才能够达到政治效果和法律效果的统一。

2.文明执法

文明执法是落实执法为民的客观需要,包括执法理念文明和执法行为文明。

3.尊重与保障人权

尊重与保障人权是促进防震减灾事业发展与社会稳定和谐的前提。

(二)依法执法

依法执法既包括合法执法,也包括合理执法,除此以外,在新时代对地震行政执法还有权责统一、执法公开、公众参与等原则要求。合法执法要求执法人员严格遵守法定程序,按程序办事;合理执法是符合一般人的认知,公平对待,比例原则。

(三)规范执法

执法是否规范直接影响群众利益、关乎政府和法律的威信,应从以下方面规范地震行政执法:一是规范地震执法人员的资格管理,坚持执证执法,培育和提高执法人员的法律素养,牢固树立职权法定和权责统一的观念;二是推行地震行政执法绩效考核制度,强化行政执法责任制;三是科学配置地震执法编制,充实市县行政执法力量;四是落实地震执法经费保障制度,对执法经费实行罚缴和收支分离。

(四)纯净执法

地震行政执法工作人员要信念过硬,才能保持思想政治定力;要政治立场坚定,始终坚持"党的事业至上、人民利益至上、宪法法律至上";要一身正气,做到清正廉明、为人正直、克己奉公,严守执法者的道德操守和法律底线。

二、政府对地震行政执法工作的领导

各级人民政府领导地震行政工作,领导执法工作。各级地震行政执法机关负责人是执法工作的第一责任人,政府统一领导地震行政执法工作,侧重于明确地震行政执法目标、确定地震行政执法事项、提供具体保障、保证具体实现。政府对地震行政执法工作的领导体现在:一是将党对执法工作领导的要求转化为地震行政执法的工作目标,并推进落实;二是围绕地震行政执法目标,确定地震行政执法事项、内容、执法制度、措施;三是加强执法指导协调,保障执法资源调配;四是通过执法检查、考评、监督等方式保障执法质量。

第二节 地震行政执法要求

一、人民满意

《法治政府建设实施纲要(2021—2025)》提出,着眼提高人民群众的满意度,着力实现行政执法水平普遍提升,努力让人民群众在每一个执法行为中都能看到风清气正、从每一项执法决定中都能感受到公平正义。

人民满意的地震行政执法,是地震行政执法的最高要求,同时也体现了地震行政执法的最高质量。促进人民满意执法,就必须为人民执法,以人民满意作为地震行政执法工作的最终追求,作为地震行政执法工作的出发点、落脚点。每一个地震行政执法事项、执法措施、执法制度及办理的每一个地震行政执法案件，都要考虑人民是否满意。促进人民满意的地震行政执法，是要落实防震减灾法律、法规、规章、政策，落实执法责任、规范执法裁量、加强执法审核、实行执法记录，执法向人民公示公开，接受人民的监督。

二、严格规范公正文明

《法治政府建设实施纲要（2021—2025）》提出，健全行政执法工作体系，全面推进严格规范公正文明执法。严格规范公正文明执法，是党和政府对行政执法工作的执法办案的总体要求，体现较高程度的执法质量。

地震行政执法机关促进严格执法，是指地震行政执法机关要明确执法依据、指责职权、执法事项、执法程序，加强执法保障，为地震行政执法机关严格依法履职提供前提基础。地震行政执法机关要全面落实行政执法责任制度，执法全过程记录制度，严格确定不同地震行政执法机关、执法人员和责任追究机制，惩治执法腐败。促进规范地震行政执法是指地震行政执法机关要建立健全执法组织管理、行政程序、执法程序，加强地震行政实体法，完善地震行政程序法，科学确定执法事项，细化执法要件、执法流程，要制定执法指南、执法手册等执法技术规范，明确执法实务操作的各个环节，明确执法重点、难点，开展系统性、有效性、经常性的执法培训。促进地震行政执法机关公平执法，是指把好执法全过程，公开裁量基准，落实执法办案各环节、各阶段负责人、签字人责任，坚持事实与决定相当。促进地震行政执法机关文明执法，是指要建立健全执法人员职业道德纪律，将执法办案与社会公德、职业道德、职业纪律深度结合。

第三章　地震监测设施和观测环境保护行政协议行为

一、行政协议概述

行政协议,也称行政合同,是指行政机关以实施行政管理为目的,与行政相对人就有关事项协商一致而成立的一种双方行为。行政协议体现了现代行政法中的合意、协商等行政民主精神。在一定场合、条件下,行政机关借助行政协议实现行政管理目的,已是现代社会中行政机关不可不运用的一项行政手段。地震监测设施和观测环境保护行政执法工作中就大量运用了行政协议的执法手段,在新建、扩建、改建建设工程为国家重点工程,且无法避免对地震监测台站监测设施和观测环境造成危害的情况下,地震行政执法主体作为执法机关与行政相对人经协商达成行政协议解决。

二、地震监测设施和观测环境保护行政协议的法律特征

(一)行政性

第一,地震监测设施和观测环境保护行政协议必有一方主体是地震行政执法机关,且是本书第六章中所述对被危害地震监测设施和观测环境的地震台站具有行政处罚权的地震行政执法机关。第二,签订地震监测设施和观测环境保护行政协议的目的是地震行政执法机关行使地震行政管理、执法职权,解决地震监测设施和观测环境被危害问题,保障地震监测设施发挥正常工作效能,具有公益性。第三,地震行政执法机关在地震监测设施和观测环境保护行政协议的变更和解除上具有行政优益权。地震行政执法机关在履行地震监测设施和观测环境保护行政协议过程中,因地震监测条件、社会政治、经济等发生变化,导致签订的地震监测设施和观测环境保护行政协议继续履行已不利于地震监测预报预警工作,可能损害公共利益时,地震行政执法机关可以单方面变更或解除合同,因此给行政相对人造成合法权益损失的,地震行政执法机关应当承担相应的补偿责任。

(二)合意性

第一,订立地震监测设施和观测环境保护行政协议的第一步是地震行政执法机关与行政相对人的协商,协商就意味着协议的双方可以就合同内容讨价还价,协议的内容具有可妥协性。第二,行政相对人对行政协议是否订立、行政协议内容具有一定的选择性。行政相对人不可能无条件地答应地震行政执法机关提出的条件,其签订行政协议的基础必然是以其获利为前提,具有选择自由性。

(三)合法性

第一,地震监测设施和观测环境保护行政协议的订立、履行、变更和解除都必须遵守法律规范。第二,订立地震监测设施和观测环境保护行政协议的地震行政执法机关须对该项事务具有管辖权。第三,地震行政执法机关行使地震监测设施和观测环境保护职权须有法律依据。地震行政执法机关签订此协议的目的是实现保护地震监测设施和观测环境的行政管理目的,符合公共利益要求。

三、签订地震监测设施和观测环境保护行政协议应当遵守的原则

(一)公开原则

地震行政执法机关应当将地震监测设施和观测环境保护行政协议的整个订立过程向行政相对人、社会公开,内容涉及国家秘密、商业秘密和个人隐私的除外。

(二)全面履行原则

地震监测设施和观测环境保护行政协议依法成立后,地震行政执法机关和行政相对人必须根据协议规定权利和义务不折不扣地履行协议中的所有条款。地震监测设施和观测环境保护行政协议涉及公共利益,如果协议双方主体不全面履行合同,必然影响到公共利益的有效维护。

(三)公益优先原则

第一,地震行政执法机关在履行地震监测设施和观测环境保护行政协议过程中,因地震监测条件、社会政治、经济等发生变化,导致签订的地震监测设施和观测环境保护行政协议继续履行不利于地震监测预报预警工作,可能损害公共利益时,地震行政执法机关可以单方面变更或解除合同,因此给行政相对人造成合法权益损失的,地震行政执法机关应当承担相应的补偿责任。第二,地震行政执法机关对行政相对人履行地震监测设施和观测环境保护行政协议具有监督权,必要时,可以采取强制或制裁措施。

四、签订地震监测设施和观测环境保护行政协议的程序

(一)告知

当行政相对人危害或将要危害地震监测设施和观测环境时,地震行政执法机关须以书面形式告知行政相对人其有增建抗干扰设施或新建地震监测设施的义务,这个行政相对人应当是国家重点项目建设单位,且是在其确实无法避免对地震建设设施和观测环境造成危害的情况下。

(二)协商

协商是地震行政执法机关与行政相对人进行沟通、协商的过程,主要协商以下内容:第一,根据国家重点项目建设工程确定行政协议相对方,因有时工程的建设单位是行政协议相对方,有时候负责工程拆迁的单位是行政协议相对方。第二,可以通过委托权威的第三方对增建抗干扰设施或新建地震监测设施工程及工程造价进行评估。第三,如果协议涉及第三人利益的,应当取得第三人的书面意见,作为行政协议的一部分。第四,地震监测设施和观测环境保护行政协议过程应当以书面形式形成笔录,由双方代表签字存档,作为今后行政协议在执行时解释条款的依据之一。

(三)听证或法制审核

协议内容符合法定听证条件的,地震行政执法机关应当依职权举行听证。行政协议内容涉及第三人的,可以不举行正式听证,但须给予各方当事人表达意见的机会。地震监测设施和观测环境保护行政协议内容达到重大执法法制审核条件的,应当经过法制审核后才能签订行政协议。

(四)签订

地震监测设施和观测环境保护行政协议应当以书面形式订立。

五、地震监测设施和观测环境保护行政协议纠纷的法律救济

我国目前还不承认行政协议独立的法律地位,地震监测设施和观测环境保护行政协议的争议,在具体实践工作中,我们要注意:第一,地震监测设施和观测环境保护行政协议纠纷的本质是行政纠纷,应当通过行政救济的途径解决。行政协议纠纷有以下行政救济途径:根据《行政复议法》的规定提起行政复议;根据《行政诉讼法》提起行政诉讼;涉及行政赔偿,根据《国家赔偿法》提起行政赔偿诉讼。第二,地震监测设施和观测环境保护行政协议是一种合意行为,可以适用调解。调解须充分尊重行政协议双方当事人,尤其是行政相对人的意思。调解须合法,不能违反现行法律规定,不得以牺牲国家利益、公共利益和他人的合法权益为达成妥协的前提。行政协议双方当事人都可以提出调解需求。调解不成的,主持行政协议纠纷解决的机关应当及时作出裁决,以满足地震监测设施和观测环境保护行政管理的实际需要。

第四章 地震行政执法案例指导制度探析

一、行政执法案例指导制度的概念

案例由"案"和"例"两个字构成,其中,"案"是指已经发生过的某些事件;"例"是指具有典型性、代表性的例子、例证,《现代汉语词典(第7版)》将其解释为"从前有过,后来可以效仿或依据的事情"。"指导"是指引、规范、示范的意思。综合起来,指导案例是由权威主体制作、经适当程序确立并以适当形式发布的,具有示范和指导意义的,已经发生法律效力的行政执法案件。

二、行政执法案例指导制度演进

2009年中央办公厅、国务院办公厅转发《中央政法委员会、中央维护稳定工作领导小组关于深入推进社会矛盾化解、社会管理创新、公正廉洁执法的意见》,要求"探索建立案例指导制度"。2010年最高人民法院公布《关于案例指导工作的规定(法发〔2010〕51号》标志着案例指导制度在我国正式确立。2010年10月10日国务院办公厅印发《国务院关于加强法治政府建设的意见》(国发〔2010〕33号),针对"执法不公、行政不作为和乱作为"等比较突出的问题,提出了"要平等对待行政相对人,同样情形同等",以及"严格规范裁量权行使,避免执法的随意性"等更为强调合理裁量的要求。2012年党的十八大报告要求"推进依法行政,切实做到严格规范公正文明执法",2014年党的十八届四中全会通过《中共中央关于全面推进依法治国若干重大问题的决定》,该决定虽没有直接提出行政执法案例指导制度,但强调了"深入推进依法行政,加快建设法治政府"的基本要求,进而对"坚持严格规范公正文明执法""强化对行政权力的制约和监督"等都作出了专门规定。2015年12月,中共中央、国务院印发《法治政府建设实施纲要(2015—2020年)》,提出了"积极开展建设法治政府示范创建活动,大力培育建设法治政府先进典型……充分发挥先进典型的示范带动作用"的要求,由此,为行政执法案例指导制度提供了政策指引。2017年10月18日,党的十九大报告提出了"推进依法行政,严格规范公正文明执法"的要求。2019年1月3日公布的"国办行政执法三项制度的指导意见",要求加强和完善"行政执法案例指导"等制度建设,形成统筹行政执法的各个环节的制度体系,该文件也是国务院层面首次明确提出行政执法案例指导制度的构件要求,2019年10月,党的十九届四中全会要求"健全社会主义法治保障制度"。2020年1月召开的中央政法工作会议要求,"及时研究出台司法解释和指导案例,加强专业培训、办案指引。"2021年8月,中共中央、国务院印发了《法治政府建设实施纲要(2021—2025年)》提出:"建立行政执法"案例指导制度,国务院有关部门和省级政府要定期发布指导案例,加强以案释法。

三、行政执法案例指导的功能

(一)填补法律空白

成文法天然具有滞后性,在当前社会高速发展、不断转型的大背景下,各种新的问题、新的矛盾不断涌现,滞后性的特点就表现为法律空白。而为了维护成文法的稳定性、权威性和可预期性,我们不可能一出现新情况就修订法律规范,只能通过法律解释或制定非规范文件等办法来寻求弥补和突破。行政执法案例指导制度就是填补法律空白的一种手段方法,行政执法主体选取执法人员在执法实践中遇到的新问题、新矛盾处理较好的案件作为典型案例,通过固定的、权威的方式发布,能够在执法人员找不到法律依据时,提供有效的指导和参考依据,为执法人员提供一种有效的法律资源支持。

(二)规范行政执法自由裁量

依法行政要求行政执法机关对同一类法律事件作出相似的处理,建立行政执法案例指导制度,有利于保障行政决定的大体一致性,充分实现法的安全价值。行政执法机关经常会遇到很多新问题和新矛盾,因此法律赋予行政执法机关自由裁量权来适应新情况,但因行政执法人员的专业素养和专业水平参差不齐,同样的情况可能会被不同的执法人员处理成迥然不同的结果,这就可能造成不公平、不公正。行政执法案例指导制度作为一种行政自我约束手段,是行政机关主动对其裁量权形式的限制与优化,是规范行政执法自由裁量的手段。

(三)增加行政执法说理性

说明理由能提高行政执法的说理性和可接受性,也能规范行政执法机关的执法行为。行政执法指导性案例从案件的定性、法律依据、证据的采信和裁量等说明理由,因此对行政相对人有积极的说服作用。除此之外,行政执法人员通过学习指导性案例,可以提高自身的说服能力。

(四)推动法律适用标准统一

成文法规定具有概括性和模糊性,不同的行政执法人员可能对同样的情况作出不同的认识和理解,加之行政执法人员专业素养和职业素养参差不齐,可能会出现"同案不同判",破坏了平等适用法律的基本原则,一定程度上折损了生效裁判的法律效力,甚至是法律的权威性和公信力。"同案不同判"也会破坏人们对自己行为的合理预期。行政指导性案例以实践的方式诠释了法律条文的内涵和具体适用情形,对相同或者类似案件而言,行政指导性案例具有较强的可比性和参照性,能够针对性地指引行政执法工作人员处理类似案件,有利于推动法律适用标准统一。

(五)帮助处理疑难案件

行政执法的专业性、复杂性导致执法过程中可能会遇到疑难案件,包括:法律规定不明确的案件;定性困难的案件;如何运用法律存在争议的案件;无法查清事实的案件;裁量情节复杂的案件等。疑难案件具有较大的执法风险,如果权威行政机关将处理得较为成熟和规范的疑难案件上升为指导性案例,无疑有助于疑难案件的处理。

四、行政执法案例指导制度在地震部门的应用现状

地震部门对行政执法案例指导制度的应用其实是比较早的,2003年3月,由中国地震局法规司主持编写的《地震行政执法案例选编》一书,收录了地震监测设施和观测环境保护行政执法案例20起,以基本案情—处理结果—案件分析的体例撰写,分享典型案例,具有一定的代表性和指导性。2013年由中国地震局法规司再次组织编写《地震行政执法案例选编》,选取了2006—2012年由天津、河北、甘肃、山西等省地震局提供的共36起地震行政执法典型

案例。中国地震局要求各省级地震局于每年12月底将本省行政区域内本年度的地震行政执法情况上报中国地震局法规司，并于2020年按照"互联网+"执法建设需要，主持建设了地震行政执法案例库，收录了2010—2020年的部分执法案例。中国地震局作为地震系统的最高管理部门，其征集、评选、发布典型行政执法案例符合行政执法案例指导制度发布的主体条件，说明地震部门是认可和重视行政执法案例指导制度的。2013年中国地震局法规司选编的36起执法案例，内容包括建设工程抗震设防要求管理、地震安全性评价管理、地震监测设施和地震观测环境保护类事项的行政执法，案例编写体例沿用2003年"基本案情—处理结果—案件分析"，案例只笼统地介绍了基本案情和处理结果，并未从执法理念、执法方式方法、调查取证、适用法律等方面对执法要素进行区分，从现在地震行政执法的要求来看，其参考价值已经非常有限了。

五、现行地震行政执法案例指导制度存在的问题

笔者查阅中国地震局征集、评选、发布的典型行政执法案例，发现现行地震行政执法案例指导制度通过对指导案例进行分析点评的方式，整理总结了地震行政执法许多的成功经验，这些经验对指导地震行政执法实践具有一定的帮助作用，但同时现行地震行政执法案例指导制度仍存在疏漏之处，笔者通过整理归纳认为，主要存在以下几方面问题。

（一）对案例的效力没有明确规定

行政执法案例的功能和作用发挥最终取决于对案例效力的规定，这一点从英美法系的判例法中能看出来。笔者在查阅相关资料时发现，中国地震局法规司的两次征集、评选、公布典型地震行政执法案例行为都是以汇编成书,公开出版的方式发布的,并未通过颁布文件或通知的行为,确定案例对地震行政执法活动的参考价值。公开出版地震行政执法行为可以认为是学术行为,地震行政执法工作人员在执法过程中可以学习、参考,但并非一定要"同案同判",所以中国地震局出版案例的行为可以说是落实地震行政执法案例指导制度的一种具体措施,但并未实际确定案例的效力,这些案例对地震行政执法工作并无法律约束力。

(二)开展行政执法案例指导的制度保障不足

地震行政执法典型执法案例要发挥指导作用的话,需要配套与之相适应的保障措施,但地震部门还没有相关制度保障,具体表现有以下方面。

第一,中国地震局落实地震行政执法案例制度仅为引导性行为,并没有规定具体的实施细则,地震行政执法人员在什么情况下应当适用指导案例,应适用而未适用指导案例的将承担什么责任。地震行政执法实践中,对地震行政执法典型案例的指导完全取决于执法人员的自愿,实际上并未达到填补防震减灾法律空白、规范地震行政自由裁量权、推动防震减灾法律规范适用统一的作用。

第二,缺乏地震行政执法案件规范和管理制度。笔者在参加2020年中国地震局组织的全国地震行政执法案卷评查研究工作时,在查阅到中国地震局征集的各省地震局上报的执法案件时发现存在几类问题:一是执法案卷不规范,法律文书不全面;二是各省对同类地震行政执法案件在法律适用和处理结果上存在矛盾的情况下,如何协调处理,并无统一的矛盾解决机制;三是无典型案例清理制度。随着防震减灾法律法规的不断完善,可能会出现以前案例和现在法律规范冲突的情形,因此,典型案例发布主体应当及时清理与现行法律规范冲突的案例。

第三,地震行政执法案例评估机制不健全。中国地震局并未就案例的征集、评选、公布出台相关制度与办法。法律实务中,最早利用评估制度分别对立法活动前后对社会政治、经济领域造成的预期影响和实际影响进行评价,从而对立法工作进行准确评价,减少立法试错成本。现行地震行政政府执法案例指导制度评估机制不健全,案例发布机关无法客观掌握现行制度运行的实际情况,很难为制度的进一步完善指明方向。

六、完善地震行政执法案例指导制度的设想与建议

(一)匹配地震行政执法案例指导成文制度

在法治的语境下,地震行政执法案例指导制度要想延续和发展,匹配"成文"制度是非常有必要的。在我国,成文法具有较强的权威性,通过成文化的规则确立地震行政执法案例指导制度,可以提高该项制度的权威性。从已有的实践经验来看,司法案例指导制度的确立及河南、湖南、辽宁等地确立的地震行政执法案例指导制度,都是通过先匹配成文制度,继而实现的。匹配成文制度可以使地震行政执法案例指导制度更具稳定性、可预期性和可操作性。从实践经验来看,地震行政执法案例指导制度可以通过制定部门规章的方式来匹配成文制度。

(二)确定案例发布机关主体层级

适格的案例发布主体应当符合权威性和功能性原则。权威性原则强调发布指导性案例的机关应当在本行政系统内处于较高的层级,对于下级行政机关具有业务指导或领导关系,依托于发布机关的权威性,有助于提升指导性案例的权威性,地震行政执法指导案例应当由中国地震局组织遴选和发布,符合地震行政执法领域的特殊性,与地震行政管理体制相契合,能满足指导性案例的需要,并兼顾地区差异性。

(三)确定案例效力为:应当参照

现行地震行政执法案例指导制度并未就公布案例的适用效力作规定,一般认为是"指导"和"参考"。从制度性质来看,地震行政执法案例指导制度是一种系统性归纳和总结执法智慧和执法经验,并反作用于执法实践的制度,本质是一种法律适用的活动,所以笔者认为:有必要将地震行政执法案例指导制度定位为"应当参照"。"应当参照"赋予了指导性案例较强的约束力,只有这样才能起到约束地震行政执法自由裁量权、规范地震行政执法、促进依法行政,达到"同案同判"。

(四)确定指导性案例的遴选标准和要求

地震行政执法案例指导制度并非制度的"创设",而是防震减灾法律规范的"细化",所以,被遴选的案例应当符合防震减灾领域行政执法特点,有助于规范地震行政执法工作,并符合案例指导制度的设计初衷。地震行政执法指导性案例遴选应当考虑以下标准:①法律规定不明确的案件;②疑难案件;③典型案例;④新型执法案例;⑤经过行政复议或行政诉讼的案件;⑥争议较大的案件;⑦其他有价值的行政执法案件

地震行政执法指导性案例的范围和要求应当做到:①指导性案例要覆盖地震行政执法程序的全过程;②案例应当真实合法和适当。

(五)确定指导性案例的适用规则

为确保地震行政执法指导性案例能够得到正确和规范的适用,确实起到"指导"作用,有必要确立地震行政执法指导性案例的

适用规则,具体应当遵循以下原则:

(1)地震行政执法决定应当参照相同或类似的指导性案例确立的规则。具体而言,地震行政执法机关在执法时,对案件事实和证据有初步判断后,应当查询是否有相同或类似的指导性案例。

(2)在案件的说理和推理阶段可以引用指导性案例。地震行政执法机关在说理和推理部分,可以作为理解法律、采信证据或者规范裁量的推理依据。如果地震行政执法机关认为当前案件不适宜参照指导性案例,应当在决定文书中说明不适用该指导性案例的理由。

(3)地震行政执法指导性案例不能作为行政执法的直接依据,由于指导性案例并非法律,因而,不能作为行政执法的直接依据,在作出行政决定时,不能直接依据指导性案例确立规则。

中篇 执法要件与法律文书

第五章　地震监测设施和观测环境保护行政许可要件与法律文书

地震行政许可,是指地震行政执法机关依法对公民、法人或者其他组织提出的申请,通过颁发证明或者批准、登记、认可等方式,允许其行使某项权利,从事某项活动的具体行政行为。笔者在查阅各省防震减灾权责清单时,发现山东、甘肃、四川、江苏等省都将地震监测设施和观测环境保护范围内的新建、扩建、改建建设工程审批列为行政许可事项。本章对此项行政许可要件及执法实践中所需的法律文书进行讨论。

第一节　地震监测设施和观测环境保护行政许可要件

地震监测设施和观测环境保护范围内的新建、扩建、改建建设工程行政许可包括以下要件。

一、地震行政机关具有行政许可管辖权

（一）事项管辖

依据地震行政执法机关的"三定方案"及法律法规规章和非规范性文件,地震行政机关对地震监测设施和观测环境保护范围内

新建、扩建、改建建设工程有许可职权,即该项行政许可在本行政执法机关的权责事项清单中。

(二)地域管辖

地震监测设施和观测环境保护范围内新建、扩建、改建建设工程的地域管辖主要取决于被危害的地震台站的行政管理权,即对被危害地震监测设施和观测环境的地震台站具有行政管理权,且具备地震行政执法权限的地震行政执法机关对该项行政许可具有地域管辖权。

(三)级别管辖

地震监测设施和观测环境保护范围内新建、扩建、改建建设工程的级别管辖一方面取决于对被危害地震监测设施和观测环境的地震台站具有行政管理权的地震行政执法机关的级别,另一方面取决于该地震台站所处位置、地震监测能力的影响性。

(四)移送管辖

地震行政执法机关发现行政相对人申请的此项行政许可不在自己管辖范围的,应当将此项申请移送到具有管辖权的地震行政执法机关,受移送的地震行政执法机关不得再自行移送或拒绝。

(五)对人管辖

不对外国人、无国籍人、外国组织准予此项行政许可。

二、执法人员符合规定

(一)具有执法资格

依照《国务院办公厅关于全面推行行政执法公示制度执法全过程记录制度重大执法决定法制审核制度的指导意见》(以下简称"三项制度")及《中国地震局全面推行行政执法公示制度执法全过程记录制度重大执法决定法制审核制度实施意见》,实施地震行政许可的人员应当具备执法资格。

(二)符合法定人数

根据法定条件和程序,地震行政执法机关应当自受理申请之日起5日内指派两2以上执法人员对申请材料的实质内容进行审核,并按照防震减灾法律法规规章及地震技术标准、技术规范对地震监测设施和观测环境保护范围内新建、扩建、改建建设工程进行检查、现场勘验、测量和计算。

三、符合法律依据和事实根据

(一)法律依据

除依照《中华人民共和国行政许可法》以外,《中华人民共和国防震减灾法》第二十三条、二十四条规定是地震监测设施和观测环境保护范围内新建、扩建、改建建设工程行政许可的法律依据。《地震监测管理条例》第二十五条至三十三条对上位法相关内容进行了细化,各省地方性法规、规章结合地方实际,又进一步进行了细化。

(二)事实根据

该项行政许可的事实根据是地震监测设施和观测环境保护范围内新建、扩建、改建建设工程是否为国家重点工程,且是建设国家重点工程确实无法避免对地震监测设施和观测环境造成危害的情况下,按照县级以上地方人民政府负责管理地震工作的部门或者机构的要求增建抗干扰设施或新建地震监测设施,在此情况下才准予行政许可。判断建设工程是否属于国家重点工程,依据《国家重点建设项目管理办法》第二条规定,国家重点建设项目是指从下列国家大中型基本建设项目中确定的对国民经济和社会发展有重大影响的骨干项目,包括:

(1)基础设施、基础产业和支柱产业中的大型项目。

(2)高科技并能带动行业技术进步的项目。

(3)跨地区并对全国经济发展或者区域经济发展有重大影响的项目。

(4)对社会发展有重大影响的项目。

(5)其他骨干项目。

四、符合行政许可程序要件

(一)具有许可理由

地震监测设施和观测环境保护范围内新建、扩建、改建建设工程行政许可的理由有两个:第一,该建设工程属于国家重点工程范围;第二,确实无法避免危害地震监测设施和观测环境。

(二)回避

地震行政执法人员与地震监测设施和观测环境保护范围内新建、扩建、改建建设工程行政许可案件有直接利害关系或者有其他可能影响公正的,应当全案回避;行政许可听证申请人、利害关系人认为行政许可听证主持人与该行政许可有直接利害关系的,有权申请回避,属于回避情形的,应当予以回避。

(三)公示公开

地震行政机关应当将法律、法律、规章规定的地震监测设施和观测环境保护范围内新建、扩建、改建建设工程行政许可的申请事项、依据、条件、数量、程序、期限、需要提交的全部材料的目录和申请书示范文本等通过政务服务网、地震信息网、政务大厅服务窗口等进行公示公开。

(四)解释说明

申请人要求地震行政机关对公示内容予以说明的,地震行政机关应当说明、解释,提供准确、可靠的信息。特别注意依据国家地震标准GB/T1953.1-2004《地震台站观测环境技术要求第一部分：测震》、GB/T1953.2-2004《地震台站观测环境技术要求第二部分：电磁观测》、GB/T1953.3-2004《地震台站观测环境技术要求第三部分：地壳形变观测》、GB/T1953.4-2004《地震台站观测环境技术要求第四部分：地下流体观测》中对新建、扩建、改建建设工程可能危害地震监测设施和观测环境的解释说明。

(五)受理

地震监测设施和观测环境保护范围内新建、扩建、改建建设工程行政许可属于本地震行政机关职权范围，申请材料齐全，符合法定形式，或者申请人按照地震行政机关的要求提交全部补正申请材料的，应当受理此项行政许可。

(六)审查

地震行政执法机关根据申请人提供的地震监测设施和观测环境保护范围内新建、扩建、改建建设工程相关材料，判断建设工程是否属于国家重点工程，是否危害地震监测设施和观测环境，得出申请人具备的条件与法定条件是否符合的结论。

(七)告知

申请人申请材料不齐全或者不符合法定形式的，地震行政机关应当当场或者在5日之内一次告知申请人需要补正的全部内容，逾期未告知的，自收到申请材料之日起即为受理。地震监测设施和观测环境保护范围内新建、扩建、改建建设工程的行政许可一般情况下，地震行政执法机关都要根据申请人提供的建设工程相关材料进行测量、计算和专家评审，地震行政执法机关应当将测量、计算和专家评审所需时间书面告知申请人。建设工程不属于国家重点工程的，不在此项行政许可申请范围内的，地震行政执法机关应当当场告知申请人不予受理。地震行政执法机关依法作出不予行政许可书面决定的,应当说明理由,并告知申请人享有依法申请行政复议或者提出行政诉讼的权利。不在地震监测设施和观测环境保护范围内的建设工程,依法不需要取得此项行政许可,地震行政执法机关应当及时告知申请人不予受理。不属于本地震行政执法机关管辖范围或职权范围的,应当即时作出不予受理的决定,并告知申请人向有管辖权的地震行政执法机关申请。

地震行政执法机关对此项行政许可进行审查时,如发现该行政许可直接关系他人的重大利益,应当告知相关利害关系人。申请人、利害关系人有权进行陈述和申辩,地震行政执法机关应当听取申请人、利害关系人的意见。此项行政许可涉及申请人和他人之间的重大利益关系的,地震行政执法机关应当在作出许可决定之前,告知申请人、利害关系人依法享有听证的权利。地震行政执法机关需要研究讨论、专家评审及在20日内不能作出决定的,经地震行政执法机关负责人批准延长期限的,应当书面告知申请人,并说明理由。

(八)听证

地震行政执法机关如认为此项行政许可涉及公共利益,应当向社会公告,并举行听证。具有重大利益关系的申请人、利害关系人在被告知听证权利之日起5日内提出听证申请的,地震行政执法机关应当在20内组织听证。

(九)决定

地震行政执法机关对地震监测设施和观测环境保护范围内新建、扩建、改建建设工程的相关材料进行审查后,并对建设工程相关场地进行测量、勘察、计算,经专家评审后,作出增建抗干扰设施或新建地震监测设施的要求,在申请人同意完成该要求的情况下,作出行政许可决定。实行行政许可听证的,地震行政执法机关应当根据听证笔录,作出行政许可决定。此项行政许可无法当场作出决定,地震行政执法机关依法书面作出准予此项行政许可的决定。

(十)送达

地震行政机关作出地震监测设施和观测环境保护范围内新建、扩建、改建建设工程的行政许可决定的,应当自作出决定之日起10日内依法向申请人送达,加盖地震行政执法机关公章。

(十一)变更与撤销

被许可人要求变更地震监测设施和观测环境保护范围内建设工程行政许可事项的,应当在原行政许可决定有效期届满前向原地震行政执法机关提出,在符合此项行政许可的法定条件和标准的情况下,原地震行政执法机关应当准予变更。地震行政执法机关工作人员滥用职权、玩忽职守作出准予行政许可的,原地震行政执法机关或其上级地震行政执法机关可以撤销;超越法定职权作出行政许可的,应当撤销;违反法定程序作出行政许可的,应当撤销。

(十二)其他

地震行政执法机关对地震监测设施和观测环境保护范围内新建、扩建、改建建设工程的行政许可事项进行监督检查,委托专家测量、勘察、计算、评审等属于社会公共服务,不得向申请人收取任何费用。未经申请人同意,地震行政执法机关及其工作人员、参与评审的专家等人员,不得披露申请人提交的商业秘密、未披露信息或者保密商务信息,不得索取或收受申请人的财物,不得谋取其他利益,不得要求申请人提供与此项申请无关的技术材料和其他材料。

第二节 地震监测设施和观测环境
行政许可法律文书

一、地震监测设施和观测环境保护行政许可内部审批表

地震监测设施和观测环境保护范围内新建、扩建、改建建设工程行政许可内部审批表

（①）震许批〔②〕③号

申请人	姓名（名称）		法定代表人（负责人）姓名	
	出生年月		联系方式	
	单位			
	身份证号码/统一社会信用代码			
案由事项	××建设工程在××地震台地震监测设施和观测环境保护范围内，依法申请行政许可。			
	□受理　　□不予受理　　□准予许可　　□不予许可			
法律依据、证据及理由	承办人： 　　　　　　　　　　年　　　月　　　日			

续表

执法部门审查意见	负责人： 年　　月　　日
法制审核意见	负责人： 年　　月　　日
地震行政执法机关意见	负责人： 年　　月　　日

填写说明：1.①处是地震行政执法机关简称，如甘肃省地震局在此填写"甘"；②处是发文当年的年份，如"2022"；③处是文件编号。

二、地震监测设施和观测环境保护范围内新建、扩建、改建建设工程行政许可不受理告知书

地震监测设施和观测环境保护范围内新建、扩建、改建建设工程行政许可不受理告知书

(①)震许不受告〔②〕③号

(申请人姓名、名称)：

　　你(单位)于_____年_____月_____日向本机关提出的地震监测设施和观测环境保护范围内_____建设工程许可申请，经审查，该工程不在地震监测设施和观测环境保护范围内，依据《中华人民共和国行政许可法》第三十二条第一款第(一)项的规定，本机关决定不受理。

地震行政执法机关(印章)
年　　月　　日

联系人：_____　　　联系电话：_____

　　本文书一式____份：____份交付送达申请人，____份归档。

三、地震监测设施和观测环境保护范围内新建、扩建、改建建设工程行政许可受理通知书

地震监测设施和观测环境保护范围内新建、扩建、改建建设工程行政许可受理通知书

(①)震许受〔②〕③号

(申请人姓名、名称)：

  你(单位)于_____年_____月_____日向本机关提出的地震监测设施和观测环境保护范围内_____建设工程许可申请，经审查，符合受理条件。依据《中华人民共和国行政许可法》第三十二条第一款第(五)项的规定，本机关决定受理。

  依据《中华人民共和国行政许可法》第四十二条规定，办理本许可需要经过地震行政执法机关组织专家评审会，本机关自受理许可申请之日起20日内作出行政许可决定。需要延长的，本机关将及时告知。

地震行政执法机关(印章)

年　　月　　日

联系人：_____　　　联系电话：_____

本文书一式____份：____份交付送达申请人，____份归档。

填写说明：①处是地震行政执法机关简称，如甘肃省地震局在此填写"甘"；②处是发文当年的年份，如"2022"；③处是文件编号。

四、地震监测设施和观测环境保护范围内新建、扩建、改建建设工程行政许可不予受理通知书

地震监测设施和观测环境保护范围内新建、扩建、改建建设工程行政许可不予受理通知书

(①)震不受〔②〕③号

(申请人姓名、名称)：

你(单位)于_____年_____月_____日向本机关提出的地震监测设施和观测环境保护范围内_____建设工程许可申请，因申请材料不齐全〔(不符合法定形式)你(单位)未按照要求提交全部补正申请材料、不属于本机关职权范围〕，不符合《中华人民共和国行政许可法》第三十二条第一款第(五)项的规定，本机关决定不予受理。

你(单位)可以依法向_____提出行政许可申请。

地震行政执法机关(印章)

年　　月　　日

联系人：_____　　联系电话：_____

本文书一式____份：____份交付送达申请人，____归档。

填写说明：1.①处是地震行政执法机关简称，如甘肃省地震局在此填写"甘"；②处是发文当年的年份，如"2022"；③处是文件编号。

2.因不属于本地震行政执法机关职权范围的，写明你(单位)可以依法向有权作出行政许可的机关提出申请。

五、地震监测设施和观测环境保护范围内新建、扩建、改建建设工程行政许可申请材料补正告知书

地震监测设施和观测环境保护范围内新建、扩建、改建建设工程行政许可申请材料补正告知书

(①)震补告〔②〕③号

(申请人姓名、名称)：

你(单位)于_____年_____月_____日向本机关提出的地震监测设施和观测环境保护范围内_____建设工程许可申请,申请材料不齐全(不符合法定形式),请按照下列要求予以补正：

1._____
2._____
3._____
……

地震行政执法机关(印章)

年　　月　　日

联系人：_____　　联系电话：_____

本文书一式____份：____份交付送达申请人,____归档。

填写说明：①处是地震行政执法机关简称,如甘肃省地震局在此填写"甘"；②处是发文当年的年份,如"2022"。③处是文件编号。

六、地震监测设施和观测环境保护范围内新建、扩建、改建建设工程行政许可重大利益听证告知书

地震监测设施和观测环境保护范围内新建、扩建、
改建建设工程行政许可重大利益听证告知书

（①）震许利告〔②〕③号

(利害关系人姓名名称)：

　　你(单位)于_____年_____月_____日向本机关提出的地震监测设施和观测环境保护范围内_____建设工程许可申请,经审查,该行政许可关系到你(单位)的重大利益。依据《中华人民共和国行政许可法》第三十六条、第四十七条第一款的规定,本机关现向你(单位)告知,你(单位)有权就该申请的许可事项陈述、申辩,有权要求听证。

　　你(单位)自收到本告知书之日起5日内,可以向本机关提出陈述、申辩的意见,提出听证要求,逾期未提出的,视为放弃上述权利。

地震行政执法机关(印章)
年　　月　　日

联系人：_____　　　联系电话：_____

本文书一式____份：____份交付送达申请人,____归档。

填写说明：①处是地震行政执法机关简称,如甘肃省地震局在此填写"甘"；②处是发文当年的年份,如"2022"。③处是文件编号。

七、地震监测设施和观测环境保护范围内新建、扩建、改建建设工程准予行政许可决定书

地震监测设施和观测环境保护范围内新建、扩建、改建建设工程准予行政许可决定书

(①)震许决〔②〕③号

(申请人姓名、名称)：

　　本机关于_____年_____月_____日受理的你(单位)提出的地震监测设施和观测环境保护范围内_____建设工程许可申请，经审查及专家评审，符合《中华人民共和国防震减灾法》第二十四条之规定，依据《中华人民共和国行政许可法》第三十八条第一款及《中华人民共和国防震减灾法》第二十四条第一款之规定，你(单位)须于_____年_____月_____日在_____处增建抗干扰设施(新建地震监测设施)后，本机关决定准予你(单位)建设该项工程，有效期为_____年_____月_____日至_____年_____月_____日，建设范围为_____。

　　在被许可期间，你(单位)应当：

　　依据《中华人民共和国防震减灾法》第二十四条第一款的规定根据地震部门或者机构的要求，增建抗干扰设施(新建地震监测设施)，并依据《中华人民共和国行政许可法》接受并配合执法机关依法进行的监督检查。

地震行政执法机关(印章)
年　　月　　日

联系人：_____　　　　联系电话：_____

本文书一式____份：____份交付送达申请人，____归档。

　　填写说明：①处是地震行政执法机关简称，如甘肃省地震局在此填写"甘"；②处是发文当年的年份，如"2022"。③处是文件编号。

八、地震监测设施和观测环境保护范围内新建、扩建、改建建设工程不予行政许可决定书

**地震监测设施和观测环境保护范围内新建、扩建、
改建建设工程不予行政许可决定书**

（①）震许决〔②〕③号

（申请人姓名、名称）：

　　本机关于_____年_____月_____日受理的你（单位）提出的地震监测设施和观测环境保护范围内_____建设工程许可申请，经审查及专家评审，不符合《中华人民共和国防震减灾法》第二十四条之规定，依据《中华人民共和国行政许可法》第三十八条第一款及《中华人民共和国防震减灾法》第二十四条之规定，本机关决定不予行政许可。

　　你（单位）如不服本不予许可决定，可以自收到本决定书之日起60日内向 ④_____ 申请行政复议，也可以自收到本决定之日起3个月内，向 ⑤_____ 人民法院提起行政诉讼。

地震行政执法机关（印章）
年　　月　　日

联系人：_____　　　　联系电话：_____

本文书一式____份：____份交付送达申请人，____归档。

填写说明：1.①处是地震行政执法机关简称，如甘肃省地震局在此填写"甘"；②处是发文当年的年份，如"2022"；③处是文件编号。

2.④处可到作出行政处罚的地震行政执法机关的同级人民政府或上一级地震执法机关复议；⑤到作出不予许可的地震行政执法机关所在地法院起诉。

第六章　地震监测设施和观测环境保护行政处罚要件与法律文书

地震行政处罚是地震行政执法机关依法对违反防震减灾法律、法规和规章规定的公民、法人或者其他组织给予制裁的具体行政行为。依照防震减灾权责清单,地震监测设施和观测环境保护的行政处罚有两项:第一,是对侵占、损毁、拆除或者擅自移动地震监测设施和观测环境的行政处罚;第二,是对未按照要求增建抗干扰设施或新建地震监测设施的行政处罚。本章对这两项行政处罚要件及执法实践中所需要的法律文书进行分别讨论。

第一节　地震监测设施和观测环境保护行政处罚要件

依据《中华人民共和国防震减灾法》第八十四条之规定,个人有侵占、损毁、拆除或者擅自移动地震监测设施或者危害地震观测环境违法行为,情节严重的,处两2元以下罚款。单位有侵占、损毁、拆除或者擅自移动地震监测设施或者危害地震观测环境违法行为,情节严重的,处2万元以上20万元以下的罚款。依据《中华人民共和国防震减灾法》第八十五条之规定,未按照要求增建抗干扰设施或者新建地震监测设施的,处2万元以上20万元以下的罚款。

依据《中华人民共和国行政处罚法》第五十一条之规定,在违法事实确凿并有法定依据,对侵占、损毁、拆除或者擅自移动地震监测设施或危害地震观测环境的公民处以200元以下罚款行政处罚,适用行政处罚简易程序。其他地震监测设施和观测环境保护行政处罚均适用行政处罚普通程序。

一、地震监测设施和观测环境保护行政处罚实行简易程序当场给予行政处罚要件

(一)地震行政执法机关具有行政处罚管辖权

1.事项管辖

依据防震减灾法律法规规章和地震行政执法机关的"三定"方案,地震行政执法机关有处罚职权,且该处罚事项在本地震行政执法机关执法事项(权责事项)清单内。

2.地域管辖

由侵占、损毁、拆除或者擅自移动地震监测设施或危害地震观测环境的违法行为发生地的地震行政执法机关管辖。

3.级别管辖

此项行政处罚的级别管辖一方面取决于对被危害地震台站的具有行政管理权的地震行政执法机关的行政级别,另一方面取决于被危害地震台站所处位置、地震监测能力的影响性。

4.对人管辖

本国公民、法人或其他组织,有侵占、损毁、拆除或者擅自移动地震监测设施或危害地震观测环境违法行为的,依据防震减灾法律法规规章给予行政处罚。外国人、无国籍人、外国组织有以上违法行为的,应当给与行政处罚。

5. 时效管辖

地震行政执法机关可以对其成立后发生的违法行为进行处罚,也可以对其成立前发生的违法行为进行处罚。从行政相对人角度来讲,实行侵占、损毁、拆除或者擅自移动地震监测设施或危害地震观测环境违法行为自发生或终了之日起,到被发现在2年内。

6. 指定管辖

如发生管辖争议,协商不成,由共同的上一级地震行政执法机关指定行政处罚管辖机关。

7. 先立案管辖

对以上行政处罚均有管辖权的,最先立案的地震行政执法机关管辖。

(二)执法人员符合规定

依照《国务院办公厅关于全面推行行政执法公示制度执法全过程记录制度重大执法决定法制审核制度的指导意见》(以下简称"三项制度")及《中国地震局全面推行行政执法公示制度执法全过程记录制度重大执法决定法制审核制度实施意见》,实施地震行政处罚的工作人员应当具备执法资格,且不得少于2人。

(三)符合法律依据、事实根据及证据要求

依据《中华人民共和国行政处罚法》第五十一条之规定,在违法事实确凿,并有法定依据,具有合法、真实、充足证据的情况下,才能实施行政处罚。

(四)符合行政处罚简易程序要求

1. 审核

以电子技术设备记录为侵占、损毁、拆除或者擅自移动地震监测设施或危害地震观测环境当场行政处罚证据的,应当进行真实性、清晰性、完整性、准确性审核,未经审核或经审核不符合要求的,不作为当场处罚证据。

利用电子监控设备收集、固定公民侵占、损毁、拆除或者擅自移动地震监测设施或危害地震观测环境违法证据与事实的,应经过法制审核和技术审核,确保电子技术监控设备符合标准、设置合理、标志明显,地震监测设施和观测环境保护范围内设置电子技术监控设备地点应当向社会公布。

2.回避

执法人员与当场处罚的侵占、损毁、拆除或者擅自移动地震监测设施或危害地震观测环境案件有直接利害关系,可能影响公正执法的,应当予以回避。

3.亮证

当场作出行政处罚决定的,应当向当事人出示行政执法证件。

4.告知

当场作出行政处罚决定前,应当向当事人告知拟作出的处罚决定内容及事实、理由、依据,并告知当事人依法享有陈述、申辩权。

5.听取意见与复核

告知拟作出的当场处罚决定后,充分听取当事人陈述、申辩,除当事人明确放弃陈述申辩外,对当事人提出的事实、理由和证据,应进行复核,成立的,需予以采纳。

6.填写、交付、注明及备案

当场作出行政处罚的,当场填写预定格式、标有号码的处罚决定书,并当场交付被处罚人,被处罚人拒绝签收的,在当场处罚决定书上注明。当场处罚决定应当报所属地震行政执法机关备案。

7.当场处罚决定书应当注明当事人的违法行为,处罚的种类和依据,罚款数额、事件、地点,申请行政复议,提起行政诉讼的途径、期限以及地震行政执法机关的名称,2名执法人员的签名或盖章。

8.罚款执行

对行政相对人当场处以100元以下罚款的,执法人员认为不当场收缴事后难以执行的,可以当场依职权收缴罚款,并向当事人出具专门票据,并于2日内将罚款交至执法机关指定的银行。其他情况按照罚缴分离原则。

二、地震监测设施和观测环境保护行政处罚实行普通程序要件

除前述有侵占、损毁、拆除或者擅自移动地震监测设施或危害地震观测环境违法行为,情节严重,对公民处以两百元以下罚款的,对其他地震监测设施和观测环境保护行政处罚都适用普通程序。普通程序的管辖权、执法人员规定、法律依据、事实根据及证据要求均与简易程序相同,请参照前述相关内容,此处不再重复论述。在简易程序要件的基础上,普通程序同时还应具备以下要件:

(一)立案

符合以下立案条件:地震行政执法机关具有管辖权,具有合法的、公开的、有效的立案依据,具有清楚的、确凿的立案根据,具有合法的、真实的立案证据,具有立案理由,地震行政执法机关应当及时立案,立案采用书面形式作出立案决定。

(二)调查

发现依法应当对侵占、损毁、拆除或者擅自移动地震监测设施或危害地震观测环境及未按照要求增建抗干扰设施或新建地震监测设施给予行政处罚的,须全面、客观、公正地调查,收集有关证据。调查的目的是通过调查取证违法事实,调查取证可以采取询问、现场勘察、检查,证据现行登记保存,询问应当制作笔录。

(三)检查

必要时,依照法律法规的规定进行检查,检查应当制作笔录。关于此处行政检查的要件,在本书第七章中详细讲解,此处不再赘述。

(四)回避

执法人员与案件有直接利害关系或者其他可能影响公正执法的,应予以回避。当事人提出回避申请的,地震行政执法机关应当依法审查,由地震行政执法机关负责人决定。作出决定之前,不停止调查。

(五)亮证

在调查或者检查时,执法人员须主动向当事人或有关人员出示执法证件。

(六)审核

除上文简易程序中应当作的两项审核外,普通程序在具备法定情形时,还要经过重大处罚决定法制审核,未经法制审核或者审核未通过的,不作出决定。

(七)告知

地震行政执法机关在拟作出行政处罚之前,要将拟作出的行政处罚的内容及事实、理由、依据告知当事人,并告知其有权享有陈述、申辩权。拟作出行政处罚为较大数额罚款的,作出处罚决定前,告知当事人有权要求听证。

(八)听证

告知听证后,当事人在五日内提出听证要求的,地震行政执法机关应当依法组织听证。听证应当遵守回避原则,当事人认为主持人、调查人员与本案有利害关系的,有权申请回避,调查人员提出当事人违法的事实、证据和行政处罚建议的,当事人可以进行申辩和质证。听证应当制作笔录,笔录交当事人或者其代理人核对无误后签字或盖章。当事人拒绝签字或盖章的,由听证主持人在听证笔录中注明。当事人及其代理人无正当理由不出席听证或者未经许可中途退出听证的,视为放弃听证权利。

(九)听取与复核

地震行政执法机关告知当事人拟作出的行政处罚后,应充分听取当事人的陈述、申辩。除当事人明确表述放弃陈述申辩外,对当事人提出的事实、理由和证据,进行复核,成立的,予以采纳。

(十)审查或讨论

地震行政处罚调查终结后,地震行政执法机关负责人对调查结果审查,依法作出决定。对案件情节复杂或者有重大违法行为给与行政处罚的,应当由地震行政执法机关集体讨论决定。

(十一)裁量与决定

(十二)交付与送达

地震监测设施和观测环境保护行政处罚决定书在宣告后当场交付当事人,当事人不在场的,依照《中华人民共和国民事诉讼法》的有关规定,将处罚决定书送达当事人。

(十三)罚款执行

被处罚款的行政相对人依照罚缴分离原则,在规定的时间内向执法机关指定的银行缴纳罚款,确实有困难的,可以向作出罚款决定的执法机关申请延期或分期。

(十四)其他

地震监测设施和观测环境保护行政处罚的听证、办案、决定书送达等期间严格按照依照《中华人民共和国行政处罚法》相关规定执行,行政处罚决定采用书面形式。对侵占、损毁、拆除或者擅自移动地震监测设施和观测环境的行政处罚和对未按照要求增建抗干扰设施或新建地震监测设施的行政处罚的处罚种类均为罚款,也遵守《中华人民共和国行政处罚法》规定的"首违不罚",在实施行政处罚之前,先责令行为主体停止违法行为,改正或限期改正违法行为。

第二节 地震监测设施和观测环境保护行政处罚法律文书

一、地震监测设施和观测环境保护行政处罚立案审批表

地震监测设施和观测环境保护行政处罚立案审批表

(①)震立〔②〕③号

案件来源	④		立案号	
案由	⑤			
当事人	名称或姓名	⑥		
	地址（住址）		邮政编码	
	营业执照注册号（居民身份号码）		组织机构代码	
	社会信用代码			
	法定代表人（负责人）		职务	
案情简介及立案理由	⑦		承办人： 年　月　日	
承办机构负责人意见	⑧		签名： 年　月　日	
地震行政执法机关负责人审批意见	⑨		签名： 年　月　日	
备注				

填写说明：1.①处是地震行政执法机关简称，如甘肃省地震局在此填写"甘"。②处是发文当年的年份，如"2022"。③处是文件编号。

2.④处案件来源信息，如检查发现、投诉举报、来信来访、媒体披露、上级交办、有关部门移送等。

3.⑤处书写形式为"涉嫌危害某某地震台地震监测设施和观测环境案"。

4.⑥处根据案件线索，写明已经掌握的当事人的信息，尚未掌握的，可不填写。

5.⑦处处根据案件线索，写明已经掌握的案情信息，尚未掌握的可以不写。案情简介应写明：一是案件来源信息，如填写"地震行政执法机关行政检查中发现某单位某建设工程建设行为危害某地震台地震监测设施和观测环境"。二是违法行为信息，如写明违法行为发生的时间、地点、行为等基本情况，写明承办人对违法事实、情节的初步判断，写明当事人可能违反的法律、法规、规章名称和具体条款。立案理由写明"初步判断符合《地震行政执法规定》第二十七条规定的立案条件，即有违法行为人和违法后果、有事实依据、属于地震行政处罚的范围、属于本机关管辖"，这一栏还应该有承办人建议立案与否的意见、签名及日期。

6.⑧处承办机构负责人注明同意或不同意立案意见、签名及日期。

7.⑨处地震行政执法机关负责人同意或不同意立案的审批意见、签名及日期。

8.立案审查应当指定2名以上执法人员在7个工作日内完成。

9.已经立案的，非经审批程序不得随意撤案。

10.对需要立即查处的案件，可以先行调查取证，然后在7日内补办立案手续。

二、地震监测设施和观测环境保护行政处罚销案审批表

地震监测设施和观测环境保护行政处罚销案审批表

(①)震销〔②〕③号

案件来源	④		立案号	
案由	⑤			
当事人	名称或姓名	⑥		
	地址(住址)		邮政编码	
	营业执照注册号 (居民身份号码)		组织机构 代码	
	社会信用代码			
	法定代表人 (负责人)		职务	
销案理由	⑦	承办人: 年　　月　　日		
承办机构 负责人意见	⑧	签名: 年　　月　　日		
地震行政执法 机关负责人 审批意见	⑨	签名: 年　　月　　日		
备注				

填写说明：1.①~⑥处填写内容同上述《地震监测设施和观测环境保护行政处罚立案审批表》。

2.⑦处填写销案理由，如危害地震监测设施和观测环境行政处罚立案后，对已经立案的案件，根据新情况发现不符合《地震行政执法规定》第二十七条规定的立案条件的，应当撤销立案；此处应当写明承办人建议撤销立案与否的意见、签名及日期。

3.⑧处承办机构负责人注明同意或不同意销案意见、签名及日期。

4.⑨处地震行政执法机关负责人同意或不同意销案的审批意见、签名及日期。

5.执法人员要注意，已经立案的，非经审批程序不得撤销立案。

6.销案审查应指明2名以上原承办人之外的执法人员办理。

三、地震监测设施和观测环境保护行政处罚现场检查(勘察)笔录

地震监测设施和观测环境保护行政处罚现场检查(勘察)笔录
(①)震查[②]③号

时间：_____年_____月_____日_____时_____分至_____时_____分
地点：_____
被检查(勘察)人名称或姓名：_____
现场负责人：_____　电话：_____　邮编：_____
工作单位：_____
检查(勘察)人姓名：_____　执法证号：_____
检查(勘察)人姓名：_____　执法证号：_____
记录人姓名：_____　工作单位：_____

　　我们是(某)地震局行政执法人员_____、_____，证件号码为_____、_____，这是我们的证件(出示证件)。请过目确认④_____。

　　今天我们就⑤_____危害(某)地震台地震监测设施和观测环境(未按照要求增建抗干扰设施或新建地震监测设施)事宜依法进行检查并了解相关情况，你应当配合调查，如实提供材料，不得拒绝、阻碍、隐瞒或者提供虚假情况。如果你认为检查人与本案有利害关系，可能影响公正执法，可以申请回避，并说明理由。请确认：⑥_____

现场检查情况：⑦_____
被检查(勘察)人或现场负责人确认意见：⑧_____
被检查(勘察)人或现场负责人签字：_____　____年____月____日
检查(勘察)人签字：⑨_____、_____　____年____月____日
记录人签字：⑨_____　____年____月____日
参加人签字：⑩_____　____年____月____日

共　页　第　页

填写说明：1.①处是地震行政执法机关简称，如甘肃省地震局在此填写"甘"；②处是发文当年的年份，如"2022"，③处是文件编号。

2.④处应当经被检查（勘察）人过目确认，并正面回答"我确认"。

3.⑤处与立案审批表中的立案理由一致，如"你单位负责建设的某建设工程危害某地震台地震监测设施和观测环境"。

4.⑥处被检查（勘察）人要明确回答是否需要申请回避，如申请回避，须说明回避理由。

5.⑦处如实记录现场检查（勘察）情况，包括被检查人现场设施物品名称、数据、位置、状态等，也包括地震台站监测设施名称、位置、工作状态等，可附示意图。

6.⑧处被检查（勘察）人对笔录的审阅确认意见，需逐页签名、注明日期。被检查（勘察）人无异议的，在⑧处注明"以上笔录已阅无误，情况属实"，被检查（勘察）人有异议的，注明异议内容；被检查（勘察）人拒不签字的，由执法人员注明。

7.⑨处为检查（勘察）人、记录人签字，须逐页签名，并注明日期。

8.有其他参加人的，在⑩处填写其他参加人的姓名、工作单位；无工作单位的，填写居住地址。其他参加人也需逐页签名，并注明日期。

9.执法人员回避条件为一下之一：一是本案当事人或与当事人是近亲属的；二是本人或近亲属与本案有直接利害关系的；三是法律、法规或者规章规定的其他回避情形。

10.执法人员现场采样取证的，应在现场检查（勘察）笔录中载明情况。

11.笔录应当客观，如实记录现场检查（勘察）发现的情况，可以采取拍照、录像或者其他方式记录现场检查（勘察）情况。

四、地震监测设施和观测环境保护行政处罚调查询问笔录

地震监测设施和观测环境保护行政处罚调查询问笔录
(①)震询[②]③号

时间：_____年_____月_____日_____时_____分至_____时_____分

地点：_____

被调查询问人姓名：_____ 性别：_____ 年龄：_____

身份证号码：_____

工作单位：_____ 职务：_____ 电话：_____

地　址：_____ 邮编：_____

调查询问人姓名：_____ 执法证号：_____

调查询问人姓名：_____ 执法证号：_____

记录人姓名：_____ 工作单位：_____

　　我们是(某)地震局行政执法人员_____、_____，证件号码为_____、_____，这是我们的证件(出示证件)。请过目确认④_____。

　　今天我们就⑤_____危害(某)地震台地震监测设施和观测环境(未按照要求增建抗干扰设施或新建地震监测设施)事宜依法进行检查并了解相关情况，你应当配合调查，如实提供材料，不得拒绝、阻碍、隐瞒或者提供虚假情况。如果你认为检查人与本案有利害关系，可能影响公正执法，可以申请回避，并说明理由。请确认：⑥_____。你有权对本次调查询问提出陈述、申辩。

　　请确认：⑦_____
_____

　　询问内容：⑧_____
_____

被询问人或现场负责人确认意见：⑨_____

被询问人或现场负责人签字：_____　　____年____月____日

询问人签字：⑩_____　　　　　　　　____年____月____日

记录人签字：⑩_____　　　　　　　　____年____月____日

参加人签字：⑪_____　　　　　　　　____年____月____日

共　页　第　页

填写说明：1.①处是地震行政执法机关简称，如甘肃省地震局在此填写"甘"；②处是发文当年的年份，如"2022"；③处是文件编号。

2.④处应当经被询问人过目确认，并正面回答"我确认"。

3.⑤处与立案审批表中的立案理由一致，如"你单位负责建设的某建设工程危害某地震台地震监测设施和观测环境"。

4.⑥处询问要明确回答是否需要申请回避，如申请回避，须说明回避理由。

5.⑦处确认被询问人确认是否需要提出陈述、申辩，并载明相关内容。

6.⑧处如实记录反映本案事实的时间、地点、行为、情节、后果等。

7.⑨处被询问人对笔录的审阅确认意见，需逐页签名、注明日期。被询问人无异议的，在⑨处注明"以上笔录已阅无误，情况属实"，被询问人有异议的，注明异议内容；被询问人拒不签字的，由执法人员注明。

8.⑩处为询问人、记录人签字，须逐页签名，并注明日期。

9.有其他参加人的，在⑪处填写其他参加人的姓名、工作单位；无工作单位的，填写居住地址。其他参加人也需逐页签名，并注明日期。

五、地震监测设施和观测环境保护行政处罚采样取证登记单

地震监测设施和观测环境保护行政处罚采样取证登记单

震采〔②〕③号

依据《中华人民共和国行政处罚法》第五十六条,我局对④_____
_____
_____予以采样。

附:采样取证清单

采样地点(场所):_____　　　采样时间:_____

名称	数量	容量	编号	形态	备注

被采样取证人:_____　　　____年____月____日

采样取证人:_____、_____　____年____月____日

封样人:_____　　　　　　　　　____年____月____日

填写说明:1.①处是地震行政执法机关简称,如甘肃省地震局在此填写"甘";②处是发文当年的年份,如"2022";③处是文件编号。

2.④处取样是在证据可能灭失或以后难以取证的情况下,经行政机关负责人批准,可以先行登记保存,并在7日内及时作出处理决定,在此期间,当事人不得销毁或者转移证据。

3.没有被采样人取证签字确认的,应有2名行政执法人员注明情况并签名或在现场的其他人签名见证;如其他人签名见证的,要说明见证人与本案的关系。

六、地震监测设施和观测环境保护现场照片(图片、影像资料)证据

现场照片(图片、影像资料)证据

照片(图片)

照片(图片)

证明对象：	
拍摄时间：　　年　　月　　日　　时　　分	
拍摄地点：	
拍摄人：	证物袋编号(存底片、光盘)
当事人或见证人：	
政法人员(签名)： 执法证号：	

填写说明：1.由当事人或见证人签名、盖章或按压指印。

2.执法人员应根据实地情况与采证需要，选择适当的摄录方式进行摄录，力求现场照片(图片、影像资料)客观、真实地反映现场勘验情况。

3.对无法提取原始载体或者提取原始载体有困难的物证，采取拍照、录像等方式复制的，应附有对该证物的保存地点、保存人姓名、调取时间、执法人员姓名、证明对象的说明，并由执法人员签名或签章。

七、地震监测设施和观测环境保护行政处罚案件调查报告

地震监测设施和观测环境保护行政处罚调查报告
(①)震调报告〔②〕③号

案件名称：④_____

当事人情况：⑤_____
_____
_____

案情及违法事实：⑥_____
_____
_____
_____

主要证据：⑦_____
_____
_____
_____

定性及处理依据：⑧_____
_____
_____

拟处理意见：⑨_____
_____
_____

地震行政执法人员：_____、_____　　____年____月____日
地震行政执法机关负责人：_____　　　　　____年____月____日

第六章　地震监测设施和观测环境保护行政处罚要件与法律文书

填写说明:1.①处是地震行政执法机关简称,如甘肃省地震局在此填写"甘";②处是发文当年的年份,如"2022";③处是文件编号。

2.④处填写案件名称。

3.⑤处填写写明当事人的基本情况,当事人是公民的,应当包括姓名、性别、职业、住所等内容;当事人为法人或其他组织的,应当包括公司名称、地址、法人代表或负责人姓名和职务等内容。

4.⑥处填写查明的案件事实,不得夸大或者隐瞒相关环节。

5.⑦处填写地震行政执法人员收集的相关证件信息,尽量将调查的证据附件附于案件调查报告后面。

6.⑧处填写针对案件当事人行为违反法律的具体条款(一般是禁止性或义务性条款)的行为定性。对案件当事人违法行为的处理依据包括违反的法律条款和处罚的依据条款,要写明法律法规全称和依据的具体条、款、项。

7.⑨处填写承办人的处理意见。

八、地震监测设施和观测环境保护行政处罚事先听证告知书

地震监测设施和观测环境保护事先听证告知书

(①)震罚告[②]③号

④_____：

我局于____年____月____日对你(单位)进行了调查,发现你(单位)有实施危害地震监测设施或观测环境(未按照要求增设抗干扰设施或新建地震监测设施)的行为：

1. ⑤_____
2. _____

以上事实有(⑥_____)等凭据为证。

你(单位)的上述行为违反了《中华人民共和国防震减灾法》第二十三条、二十四条之规定,依据《中华人民共和国防震减灾法》第八十四条、八十五条的规定,我局拟对你(单位)作出如下行政处罚：

1. ⑦_____
2. _____

根据《中华人民共和国行政处罚法》第四十五条的规定,你(单位)有权进行陈述和申辩。未提出陈述和申辩的,视为放弃此权利。

依据《中华人民共和国行政处罚法》第三十六条的规定,对上述拟作出的 ⑦_____,你(单位)有权要求举行听证。你(单位)如要求听证,可以在收到本告知书之日起3日内向我局提出举行听证的要求；逾期未提出听证申请的,视为放弃听证权利。

联系人：_____　　电话：_____
地　址：_____　　邮政编码：_____

　　　　　　　　　　　　　　地震行政执法机关(印章)
　　　　　　　　　　　　　　　　年　　月　　日

本文书一式两份：一份由地震部门备案,一份交当事人。

填写说明:1.①处是地震行政执法机关简称,如甘肃省地震局在此填写"甘";②处是发文当年的年份,如"2022";③处是文件编号。

2.④处填写单位名称或者法人或当事人者姓名,要与营业执照、居民身份证一致。

3.⑤处陈述危害地震监测设施和观测环境(未按要求增建抗干扰设施或新建地震监测设施)的违法事实,列明违法行为发生的时间、地点、情节、危害后果等。

4.⑥处列举证据形式,阐述证据所需要证明的内容。

5.⑦依据《中华人民共和国防震减灾法》第八十四条、八十五条规定的罚款数额。

6.依据《中华人民共和国行政处罚法》第六十三条之规定,结合《中华人民共和国防震减灾法》第八十四条、八十五条规定,对危害地震监测设施和观测环境(未按要求增建抗干扰设施或新建地震监测设施)的违法行为作出较大数额罚款的,当事人有权要求举行听证。

九、地震监测设施和观测环境保护行政处罚听证通知书

地震监测设施和观测环境保护事先听证告知书

(①)震听告〔②〕③号

④_____：

  你(单位)于_____年_____月_____日就⑤_____一案提出听证要求，我局决定于⑥_____年_____月_____日_____时_____分在⑦_____公开(不公开)举行听证会。

  本次听证会由⑧_____为听证主持人，⑨_____为听证记录员。

  如你(单位)认为听证主持人、记录员与本案有直接利害关系的，有权申请其回避。申请听证主持人、记录员回避的，在_____年_____月_____日前向我局提出书面申请并说明理由。

  申请延期举行听证会的，在_____年_____月_____日前向我局提出书面申请并说明理由。如无正当理由缺席，视为你(单位)放弃听证权利，听证终止。

  你(单位法定代表人)可以亲自参加听证，也可以委托1~2名代理人参加听证。

  注意事项：

  1.委托代理人参加听证的，在听证会举行前提交授权委托书，载明委托的事项、权限和期限。

  2.携带当事人(委托代理人)的身份证原件、复印件和有关证据材料。

  3.通知有关证人出席作证，并事先告知我局联系人。

  联系人：_____ 电话：_____

  地址：_____ 邮政编码：_____

地震行政执法机关(印章)
年　　月　　日

本文书一式两份：一份由地震部门备案，一份交当事人。

填写说明:1.①处是地震行政执法机关简称,如甘肃省地震局在此填写"甘";②处是发文当年的年份,如"2022";③处是文件编号。

2.④处填写单位名称或者法人或当事人姓名,要与营业执照、居民身份证一致。

3.⑤写案由,即当事人拟被行政处罚的原因。

4.⑥处填拟举行听证会的时间,⑦处填写拟举行听证会的地点,⑧处填听证会主持人姓名、单位、职务,⑨处填记录人姓名、单位、职务。

5.应当在听证开始的7个工作日前,通知当事人举行听证的时间、地点和方式。

十、地震监测设施和观测环境保护行政处罚听证笔录

地震监测设施和观测环境保护行政处罚听证笔录

(①)震听录〔②〕③号

案由：④_____　　　　　立案号：_____

时间：_____年_____月_____日_____时_____分至_____时_____分

地点：_____　　　　　听证方式：_____

听证主持人姓名：_____　工作单位及职务：_____

听证员姓名：_____　　　工作单位及职务：_____

记录员姓名：_____　　　工作单位及职务：_____

听证申请人名称或姓名：_____　地址：_____

法定代表人姓名：_____　　　职务：_____

委托代理人姓名：_____　　　电话：_____

工作单位：_____

委托代理人姓名：_____　　　电话：_____

工作单位：_____

有关证人姓名及工作单位：_____

案件调查人姓名：_____　　工作单位及执法证号：_____

案件调查人姓名：_____　　工作单位及执法证号：_____

有关证人姓名及工作单位：⑤_____

听证笔录（正文）：⑥

以上笔录已阅无误。

听证申请人及委托代理人、有关证人签名：_____　___年___月___日

案件调查人及有关证人签名：_____　___年___月___日

听证主持人签名：_____　___年___月___日

记录员签名：_____　___年___月___日

共　页　第　页

填写说明:1.①处是地震行政执法机关简称,如甘肃省地震局在此填写"甘";②处是发文当年的年份,如"2022";③处是文件编号。

2.④处填写的案由信息和立案号同《地震监测设施和观测环境保护行政处罚立案审批表》。

3.⑤处如实填写证人信息。

4.⑥处如实填写当事人、案件调查人对违法事实的成熟、申辩、质证、辩论的内容和证据。

5.申请听证人及其委托代理人、案件调查人员、证人都确认意见,注明"以上笔录已阅,记录属实",并注明日期。

十一、地震监测设施和观测环境保护行政处罚听证报告

地震监测设施和观测环境保护行政处罚听证报告

(①)震听报告〔②〕③号

案由：④_____　　　　　立案号：_____

听证时间：____年____月____日____时____分至____时____分

听证地点：_____　　　　听证方式：_____

听证主持人姓名：_____　工作单位及职务：_____

听证记录人姓名：_____　工作单位及职务：_____

听证申请人姓名：_____　法定代表人（负责人）姓名：_____

委托代理人：_____、_____

案件调查人：_____、_____

工作单位：_____

当事人申辩质证的主要内容：⑤
_____
_____
_____

争论焦点问题：⑥
_____
_____
_____

主持人意见和建议：⑦
_____
_____
_____

　　　　　　　　　　　　　　听证主持人签名：_____

　　　　　　　　　　　　　　　　记录人：_____

　　　　　　　　　　　　　　　　年　　　月　　　日

填写说明:1.①处是地震行政执法机关简称,如甘肃省地震局在此填写"甘";②处是发文当年的年份,如"2022";③处是文件编号。

2.④处填写的案由信息和立案号同《地震监测设施和观测环境保护行政处罚立案审批表》。

5.⑤处载明案件调查人对案件事实认定、相关证据、理由及处理意见;当事人或委托代理人成熟申辩的理由和要求。

6.⑥处根据双方质证过程总结双方争论的焦点问题。

7.⑦处听证主持人综合双方意见,确认案件事实是否清楚、证据是否确凿、程序是否合法,适用法律是否正确,并提出处理意见。

8.将听证笔录附在听证报告之后。

十二、地震监测设施和观测环境保护行政处罚案件集体讨论笔录

地震监测设施和观测环境保护行政处罚集体讨论笔录

(①)震集论[②]③号

案件名称：④_____

时间：____年____月____日____时____分至____时____分

地点：_____

主持人：_____ 职务：_____

记录人：_____ 职务：_____

参加人员：_____

列席人员：_____

承办人汇报案件情况：⑤
_____
_____

陈述(听证)情况：⑥
_____
_____

参加讨论人员意见：⑦
_____
_____

结论意见：⑧
_____
_____

参加人员签名：_____

年　月　日

填写说明:1.①处是地震行政执法机关简称,如甘肃省地震局在此填写"甘";②处是发文当年的年份,如"2022";③处是文件编号。

2.④处填写的案由信息和立案号同《地震监测设施和观测环境保护行政处罚立案审批表》。

3.⑤处承办人员汇报案件情况及采集的主要证据,如违法行为发生的时间、地点、情节、后果等;案件涉及的法律、法规、规章、标准等,以及处理意见和理由。

4.⑥处陈述申辩(听证)的情况,其中,举行听证的,可由听证主持人汇报听证情况。

5.⑦处记录参加讨论人员的主要意见和理由。

6.⑧处记录结论性意见。

7.对地震监测设施和观测环境保护行政处罚情节复杂或者重大违法行为给予较重的行政处罚的,行政执法机关的负责人应当集体讨论决定。

8.讨论内容应当针对案件事实是否调查清楚,证据是否确凿、充分,定性是否准确,当事人是否具备主体资格,应处理的单位和个人是否遗漏,适用法律法规是否正确,自由裁量是否得当,办案程序是否合法等。

9.讨论记录应当详细记载讨论过程中每个人发言的主要内容。

十三、地震监测设施和观测环境保护行政处罚决定书
地震监测设施和观测环境保护行政处罚决定书
(①)震罚决〔②〕③号

④_____：

营业执照注册号(居民身份证号)：_____ 组织机构代码：_____

社会信用代码：_____

地址：_____ 法定代表人(负责人)姓名：_____

我局于_____年____月____日对你(单位)进行了调查，发现你(单位)实施了以下危害地震监测设施和观测环境(未按照要求增建抗干扰设施或新建地震监测设施)的违法行为：

1.⑤_____

2._____

3._____

以上事实，有⑥_____等证据为凭。

你(单位)违反了《中华人民共和国防震减灾法》第二十三条、二十四条地震监测设施和观测环境保护(按要求增建抗干扰设施或新建地震监测设施)的相关规定，依据《中华人民共和国防震减灾法》第八十四条、八十五条之规定，我局决定对你(单位)处以如下行政处罚：

罚款金额(大写)⑦_____

限你(单位)于接到本罚款决定之日起15日内将罚款缴至指定银行和账号，逾期不缴纳罚款的，我局可以根据《中华人民共和国行政处罚法》第七十二条第一款规定每日按罚款数额的3%加处罚款。

收款银行·_____ 户名：_____

账号：_____

你(单位)如不服本处罚决定，可在收到本处罚决定书之日起60日内向⑧_____人民政府或者_____地震局申请复议，也可以在6个月内向⑨_____人民法院提起行政诉讼。申请行政复议或者提起行政诉讼，不停止行政处罚决定的执行。

逾期不申请行政复议，不提起行政诉讼，又不履行本处罚决定的，我局将依法申请人民法院强制执行。

地震行政执法机关(印章)
年 月 日

本文书一式两份：一份由地震部门备案，一份交被处罚人。

填写说明:1.①处是地震行政执法机关简称,如甘肃省地震局在此填写"甘";②处是发文当年的年份,如"2022";③处是文件编号。

2.④处填写当事人名称或者姓名,要与营业执照、居民身份证一致。

3.⑤处列明危害地震监测设施和观测环境(未按照要求增设抗干扰设施或新建地震监测设施)违法行为的信息,如时间、地点、行为、情节、后果等。

4.⑥处列明证据信息,如证据名称、提取时间、提供单位、证明内容等。

5.⑦处按照违法情节处以罚款,金额需大写。

6.⑧处可到作出行政处罚的地震行政执法机关的同级人民政府或上一级地震执法机关复议。

7.⑨处到建设工程所在地或地震行政执法机关所在地法院起诉。

十四、地震监测设施和观测环境保护行政执法文书送达回证

地震监测设施和观测环境保护行政执法文书送达回证

送达文书名称及文号	①			
受送达人名称或姓名	②			
送达地点	③			
送达方式	④			
收件人签字(或盖章)及收件日期	⑤	(与受送达人的关系:)	年 月 日	
送达人(两人签字)	⑥			
送达机关盖章	⑦		年 月 日	
备注				

填写说明：1.①处填写的是地震行政执法机关名称、文书的名称和文号。

2.②处填写的受送达人的名称，应与地震行政处罚文书中的一致。受送达人为法人或者其他组织的，应当使用全称。

3.③处填写详细的送达地点信息。

4.④处应注明送达方式。委托送达、留置送达的应在备注信息中注明情况，公告送达的应将公告文书归入卷宗；邮寄送达的可以将邮寄凭证回执粘贴于备注中。

5.⑤收件人应当签名或盖章，收件人是当事人以外的其他人代收的，应注明与受送达人的关系。受送达人拒收的，送达人应当在备注栏中注明拒收理由，并请见证人签名或盖章。

6.⑥处送达人签名。

7.⑦处送达机关签章。

十五、地震监测设施和观测环境保护行政处罚同意分期(延期)缴纳罚款通知书

地震监测设施和观测环境保护
行政处罚同意分期(延期)缴纳罚款通知书

(①)震罚分(延)〔②〕③号

④_____：

营业执照注册号(居民身份证号)：_____ 组织机构代码：_____

社会信用代码：_____

地址：_____ 法定代表人(负责人)：_____

  我局于_____年_____月_____日对你(单位)作出的《行政处罚决定书》(震罚决〔 〕号),对你(单位)作出的罚款_____元(大写)。你(单位)可于_____年_____月_____日申请分期(延期)。

  依据《中华人民共和国行政处罚法》第六十六条第二款的规定,我局同意你(单位)延期至_____年_____月_____日前缴纳罚款。

  依据《中华人民共和国行政处罚法》第五十二条的规定,我局同意你(单位)分期缴纳罚款,第_____期至_____年_____月_____日前,缴纳罚款_____元(大写);第_____期至_____年_____月_____日前,缴纳罚款_____元(大写)。

  代收机构以本通知为据,办理收款手续。

  逾期未缴纳罚款的,我局可以依据《中华人民共和国行政处罚法》第七十二条第一款的规定,每日按罚款数额的3%加处罚款。加处罚款由代收机构直接收缴。

地震行政执法机关(印章)
年 月 日

本文书一式两份:一份由地震部门备案,一份交被处罚人。

填写说明:1.①处是地震行政执法机关简称,如甘肃省地震局在此填写"甘";②处是发文当年的年份,如"2022";③处是文件编号。

2.④处填写当事人名称或者姓名,要与营业执照、居民身份证一致。

十六、地震监测设施和观测环境保护行政处罚案件结案审批表

地震监测设施和观测环境保护行政处罚结案审批表

(①)震罚结〔②〕③号

案件名称：④ _____

当事人基本情况	被处罚人（单位）		地址			
	法定代表人		职务		邮编	
	被处罚人（个人）		年龄		性别	
	所在单位		单位地址			
	家庭住址		联系电话		邮编	
处理结果						
执行情况	承办人（签名）：_____、_____ 　　　　年　　月　　日					
审核意见	审核人：　　　　　　年　　月　　日					
审批意见	审批人：　　　　　　年　　月　　日					

填报说明：1.①处是地震行政执法机关简称，如甘肃省地震局在此填写"甘"；②处是发文当年的年份，如"2022"；③处是文件编号。

2.④处填写的案由信息和立案号同《地震监测设施和观测环境保护行政处罚决定书》。

3.行政处罚决定应当在当事人履行完毕、经依法强制执行完毕或被依法撤销的才可结案。

十七、地震监测设施和观测环境保护行政处罚案卷组成

(一)案卷(首页)

地震监测设施和观测环境保护行政执法案卷(首页)

(　　)震案〔　　〕号

案件名称：_____

案由	
处理结果	

立案：_____年_____月_____日

结案：_____年_____月_____日

承办人：_____

归档日期：_____年_____月_____日

归档号：_____

保存期限：_____

填写说明：1.案卷(首页)是地震行政执法机关处理案件完毕后,将有关案件材料装订成卷时所作的有关案卷内材料总的提示性封面。

2.文书制作说明。(1)文头。文头应当补充填写地震行政执法机关的全称。(2)案件名称。案件名称应当与《立案审批表》的案件名称一致。(3)案由。案由应当与《立案审批表》的案由一致。(4)处理结果。处理结果应当写明当事人违反的法律规定、处罚依据和处罚内容,引用法律条文要具体到条、款、项、目,并与行政处罚决定书相一致。(5)立案时间。立案时间同《立案审批表》的审批时间。(6)结案时间。结案时间同《结案审批表》的审批时间。(7)承办人。填写该案件具体承办人的姓名。(8)归档日期。应当按照归档完成的日期要求填写。(9)归档号。按照本部门统一规定的顺序排列编号。(10)保存期限。分为永久和定期(10年、30年)两种。

3.文书制作注意处理结果的表述应当简明扼要,其他项目的填写务求准确。

(二)卷内目录样表

卷内目录

序号	文件名称及编号	日期	页号	备注

填写说明：1.卷内目录是地震行政执法机关处理案件完毕后，将有关案件材料装订成卷时，将有关案卷内材料按次序编排以供查考的提示性文书。

2.文书制作说明。(1)序号使用阿拉伯数字排列填写。(2)文件名称及编号应当填写案件全称及相应编号。案卷内文件的排列顺序按照：案件立案、案件调查、处罚告知及听证、处罚决定、处罚执行、案件结案的顺序依次填写。(3)日期。对于卷内执法文书，应当填写正式生效的日期。其他证据材料，填写取得相关材料的日期。(4)页号。将卷内文件排序后依次统一编制页码号，采用阿拉伯数字填写。(5)备注。填写文件需要说明的事项，如：复印件。

3.(1)注意目录内容和卷内文件的对应性，注意符合立卷归档要求。(2)卷内文件均要体现在目录上，做到目录与卷内文件相符合。

第七章　地震监测设施和观测环境保护行政检查要件与法律文书

目前,我国关于行政检查还没有明确的法律定义和解释,一些行政法律法规中对"检查"的用语和性质也不尽相同。行政检查大概可以分为三种性质:第一种是行政执法机关根据其职权对不特定的行政相对人进行的检查,这种行为是独立的,是具体的行政行为;第二种是行政执法机关在作出具体的行政处理决定前,通过检查的手段进行调查取证,是依附于其他具体行政行为当中的,不具有独立性;第三种是行政监督检查,是行政执法机关内部的行政行为,也是抽象行政行为。《地震行政执法规定》第十五条对地震行政检查作了明确规定:"是指地震行政执法机关对公民、法人或者其他组织是否遵守防震减灾法律、法规和规章,是否执行地震行政决定、命令等情况进行检查的具体行政行为"。显然,地震行政检查是针对行政相对人的具体行政行为,所涉及的是上述的前两类检查,第三类行政监督检查不是执法行为,不在本章讨论范围内。关于地震监测设施和观测环境行政检查,现行防震减灾法律、法规、规章中并无专门性规定,特别是检查程序相关的规定。

本章对地震监测设施和观测环境保护中所涉行政检查的要件及执法实践中所需的法律文书,是根据中国地震局2022年编写并下发的《地震行政执法手册》,结合法学理论相关内容,进行整理的。

第一节 地震监测设施和观测环境保护
行政检查要件

地震监测设施和观测环境保护的行政检查包括日常检查和专项检查，具体如下：

第一，检查公民、法人或其他组织是否遵守防震减灾法律、法规规章相关规定，督促其履行地震监测设施和观测环境保护义务的具体行政行为。依据《中华人民共和国防震减灾法》第二十三条之规定，县级以上地震行政执法机关可以检查公民、法人或其他组织是否遵守防震减灾法律、法规、规章相关规定，保护地震监测设施和观测环境，这项行政检查是一项独立的具体行政行为，属于日常检查。

第二，作出地震监测设施和观测环境保护行政许可、行政处罚决定之前的调查取证。县级以上地震行政执法机关在作出地震监测设施和观测环境保护范围内新建、扩建、改建建设工程行政许可决定之前，或对危害地震监测设施和观测环境、未按照要求增建抗干扰设施或新建地震监测设施行为作出行政处罚决定之前，通过检查的手段进行调查取证的具体行政行为，不是一项独立的行政行为，其依附在行政许可或行政处罚之中，属于专项检查。

以下对地震监测设施和观测环境保护行政检查要件进行解析：

一、地震行政机关具有行政检查职权

地震行政执法机关应当对以上地震监测设施和观测环境保护相关行政检查具有行政检查职权。开展日常检查，由对被检查地

震台站（即督促行政相对人履行地震监测设施和观测环境保护义务的地震台站）具有行政管理权的地震行政执法机关实施。开展专项检查由对地震监测设施和观测环境保护行政许可、行政处罚有管辖权的地震行政机关实施。

二、执法人员符合规定

地震行政执法机关在开展地震监测设施和观测环境保护行政检查时，须由具有行政执法资格的工作人员实施检查，并不得少于2人。执法人员在检查时，应主动向被检查人或有关人员出示执法证件。

三、符合法律依据和检查理由

除依照《中华人民共和国行政处罚法》第五十四条以外，《中华人民共和国防震减灾法》第二十三条、二十四条规定也是地震监测设施和观测环境保护范围内新建、扩建、改建建设工程行政检查的法律依据。《地震监测管理条例》第二十五条至三十三条对上位法相关内容进行了细化，各省地方性法规、规章结合地方实际，进一步对法律、行政法规进行了细化。地震监测设施和观测环境保护日常行政检查是针对不特定对象履行地震监测设施和观测环境保护义务的检查，不需要特别的理由。在作出地震监测设施和观测环境保护行政许可或行政处罚决定前开展的专项检查，案件来源即举报、上级交办、其他地震行政执法机关移送等案件线索是检查理由。

四、行政检查程序要件

（一）日常行政检查程序要件

1.编制年度检查计划

地震行政执法机关应当按年度编制地震监测设施和观测环境保护日常行政检查计划。编制年度检查计划应当遵守统筹兼顾、分类分级、突出重点、提高效能的原则,综合考虑本行政区域地震行政执法人员的数量、专业能力、执法装备情况、执法经费情况及实施地震监测设施和观测环境保护行政检查目标区域范围内的公民、法人或者其他组织的数量、分布及对地震监测设施和观测环境的影响等因素。年度检查计划中应当包括检查目标、被检查对象及范围、对被检查对象的计划检查次数、检查方式、检查时间等。地震行政执法机关应当对本行政区域内地震监测设施和观测环境保护情况建立基础资料数据库,每年根据本年度检查重点编制检查计划,尽量做到"统筹全覆盖"。

2. 年度检查计划报送、审批、备案

地震监测设施和观测环境保护日常行政检查计划应当按年度报送。各级地震行政执法机关应当将年度检查计划报上一级地震行政执法机关审批、备案,并报同级人民政府备案。地震监测设施和观测环境保护日常行政检查能合并的应当合并,可以联合实施检查的应当联合,避免多头检查和重复检查。

3. 年度检查计划变更、撤销

地震监测设施和观测环境保护日常行政检查年度计划批准后,地震行政执法机关按照计划内容部署组织,实施地震行政检查。需对年度检查计划作出重大调整的,应当在30日内重新履行报批、备案手续。

4. 制订检查实施方案并公示

地震行政执法机关根据当年行政检查计划,综合分析被检查对象对地震监测设施和观测环境的影响因素,根据前期材料收集的情况,有针对性地制定《地震监测设施和观测环境保护行政检查实施方案》,实施方案应当包含被检查对象的名称、类型等基本信息,行政检查的方式、重点内容、目标任务、工作要求、范围时间、步骤方法以及其他应当明确的情况。实施方案经地震行政执法机关负责人审核、批准后,按照地震行政执法公示制度以下发文件、官方网站公布等方式进行公示。

5. 检查前告知

地震行政执法机关根据公示的检查实施方案,事先告知行政相对人地震监测设施和观测环境保护行政检查时间、地点、目的、对象等相关内容,并告知被检查人有认为行政检查工作人员与行政检查事项有直接利害关系的,可以申请其回避。

6. 实施检查前准备

地震监测设施和观测环境保护行政检查前应当开展检查前准备工作,包括收集整理相关资料、了解掌握相关政策制度、准备执法证件、执法装备、执法标准文书等,并根据检查实施方案组织检查人员培训等。

7. 实施检查

地震监测设施和观测环境保护行政检查应当依据公示的《地震监测设施和观测环境保护行政检查实施方案》进行。地震监测设施和观测环境保护行政检查实行"执法+专家"的检查模式,可以采取书面检查、现场检查及"书面—现场"相结合的检查方式。检查需制作笔录,对检查的时间、地点、内容、发现的问题及处理情况作出书面记录,由检查人员及被检查人(单位)的负责人或单位负责人授权或委托的人员签字;拒绝签字的,检查人员应当记录在案,并向地震行政执法机关报告。实施检查的全过程执法人员都应当"亮证"。现场检查的,需做好地震行政执法全过程记录,除了有执法文书作为基本的记录形式外,对现场执法、调查取证、文书送达等容易发生争议的执法过程,应该通过照相机、摄像机、执法记录仪、视频监控等设备音像记录过程,并保存好原始记录。

8.专家协助

在实施地震监测设施和观测环境保护日常行政检查时,可以委托地震监测预报预警领域专家与执法人员一同进行现场检查,对地震监测设施、观测环境相关标准、技术提供专业咨询和整改援助。

9.检查后处理及公示

实施地震监测设施和观测环境保护日常行政检查,应当出具检查结论,由地震行政执法机关负责人审核并签字,对行政检查中发现的问题作如下处理:首次违法的,发出整改通知书责令停止违法并限期改正(或采取补救措施);已经构成违法,依法应当予以行政处罚,按照行政处罚程序实施处罚;涉嫌犯罪的,移送公安机关。地震工作主管部门应当通过政务服务网、地震信息网、政务大厅服务窗口等平台将检查结果及处理措施进行公示。

10.复查

地震行政执法机关应当对地震监测设施和观测环境保护行政检查中发现的问题进行跟踪,督促被检查人按期改正,已经按照要求改正违法行为的,行政检查程序终结;未能按照要求完成整改的,记录相关情况,并依法给予行政处罚。

(二)专项行政检查程序要件

1.满足启动条件

地震监测设施和观测环境保护专项行政检查启动应当具有法定事由,即对行政相对人实施地震监测设施和观测环境保护行政许可或行政处罚时,在作出决定之前,对行政相对人的相关许可材料、条件等进行真实性、有效性调查时,或对行政相对人的违法事实进行全面调查,收集合法、真实、有效的行政处罚证据时,才能启动地震监测设施和观测环境保护专项检查。

2. 地震监测设施和观测环境保护专项行政检查的管辖、执法人员要求、法律依据、事实根据等内容同地震监测设施和观测环境保护行政许可、行政处罚,此处不再重复。专项检查是地震行政许可、行政处罚中的调查环节。只要开展地震监测设施和观测环境保护调查,就应当适用行政处罚普通程序。

3. 专项检查是行政许可、行政处罚程序中的一个环节,无需日常检查中编制计划、制订实施方案、检查前准备等要件,但须符合行政许可、行政处罚中的相关要件。专项检查应当对检查的时间、地点、内容、发现的问题及处理情况作出书面记录,由检查人员及被检查人(单位)的负责人或单位负责人授权或委托的人员签字;拒绝签字的,检查人员应当记录在案,并向地震行政执法机关报告。实施检查时执法人员都应当"亮证"。实施现场检查须做好地震行政执法全过程记录,除了以执法文书作为基本的记录形式外,还应通过照相机、摄像机、执法记录仪、视频监控等设备音像记录对现场执法、调查取证、文书送达等容易发生争议的执法过程进行记录,并保存好原始记录。

4. 专家协助

专项检查中的专家协助同上述日常检查。

5. 检查方式

可以通过书面检查、现场检查及二者相结合的方式开展专项检查。

6.检查结果处理

地震监测设施和观测环境保护专项行政检查结束后,直接进入行政许可或行政处罚的下一步执法程序即可。

第二节　地震监测设施和观测环境
行政检查法律文书

一、危害地震监测设施和观测环境的行政检查实施方案

地震监测设施和观测环境保护行政检查实施方案

（①）震检〔②〕③号

被检查对象	
地址	＿＿＿市＿＿＿区＿＿＿街＿＿＿号
联系人及联系方式	联系人：＿＿＿＿＿；联系电话：＿＿＿＿＿＿
检查时间	＿＿＿年＿＿＿月＿＿＿日至＿＿＿年＿＿＿月＿＿＿日
行政执法人员及执法证号	姓名＿＿＿＿＿＿＿＿（执法证号：＿＿＿＿＿＿＿＿＿＿） 姓名＿＿＿＿＿＿＿＿（执法证号：＿＿＿＿＿＿＿＿＿＿）
检查内容	1.检查下列地震监测设施是否有被检查对象侵占、损毁、拆除、擅自移动的情形： （1）地震监测仪器、设备和装置； （2）供地震监测使用的山洞、观测井(泉)； （3）地震监测台网中心、中继站、遥测点的用房； （4）地震监测标志； （5）地震监测专用无线通信频段、信道和通信设施； （6）用于地震监测的供电、供水设施

检查内容	2.被检查对象有无在国家现行标准《地震台站观测环境技术要求第一部分：测震，第二部分：电磁观测，第三部分：地壳形变观测，第四部分：地下流体台站》(GB/T1953.1—2004、GB/T1953.2—2004、GB/T 1953.3—2004、GB/T1953.4—2004)划定的地震观测环境保护范围从事下列活动： (1)爆破、采矿、采石、钻井、抽水、注水。 (2)在测震观测环境保护范围内设置无线信号发射装置、进行振动作业和往复机械运动。 (3)在电磁观测环境保护范围内铺设金属管线、电力电缆线路、堆放磁性物品和设置高频电磁辐射装置。 (4)在地形变观测环境保护范围内进行振动作业。 (5)在地下流体观测环境保护范围内堆积和填埋垃圾、进行污水处理。 (6)在观测线和观测标志周围设置障碍物或者擅自移动地震观测标志等。 3.其他破坏地震监测设施、危害地震观测环境的行为
检查方式	采取现场检查与书面检查相结合的方式进行
审核意见	拟同意。审核人：××× 年　　月　　日
审批意见	拟同意。审批人：××× 年　　月　　日
备注	

填写说明：1.①处是地震行政执法机关简称，如甘肃省地震局在此填写"甘"；②处是发文当年的年份，如"2022"；③处是文件编号。

2.被检查对象为破坏地震监测设施或危害地震观测环境的个人或单位。

3.审核意见由行政检查带队负责人负责审核并签署意见。

4.审批意见由所在地震行政执法机关有关负责人审批并签署意见。

5.根据行政执法"三项制度"要求，该方案应在官方网站或政务网站公示。

二、增设抗干扰设施或新建地震监测设施情况行政检查实施方案

地震监测设施和观测环境保护行政检查实施方案
（①）震检〔②〕③号

被检查对象	
地址	＿＿＿＿市＿＿＿＿区＿＿＿＿街＿＿＿＿号
联系人及联系方式	联系人：＿＿＿＿；联系电话：＿＿＿＿
检查时间	＿＿＿年＿＿＿月＿＿＿日至＿＿＿年＿＿＿月＿＿＿日
行政执法人员及执法证号	姓名＿＿＿＿＿＿（执法证号：＿＿＿＿＿＿＿＿＿） 姓名＿＿＿＿＿＿（执法证号：＿＿＿＿＿＿＿＿＿）
检查内容	1.检查该工程是否属于国家重点工程，是否确实无法避免危害地震监测设施和观测环境。 2.检查建设单位是否有事先征得被危害地震台站所属地震主管部门的同意的相关凭证。 3.检查地震台站是否设置了警示牌，台站相关是否在规划、住建等部门备案。 4.对照检查地震主管部门根据地震台站被危害地震监测设施和观测环境实际，增设抗干扰设施或新建地震监测设施的决定。 5.对照检查建设单位按照地震主管部门要求完成增建抗干扰设施或新建地震监测设施，增建抗干扰设施或新建地震监测设施是否符合要求具体包括：

第七章 地震监测设施和观测环境保护行政检查要件与法律文书

检查内容	（1）检查是否有拆除和搬迁原地震监测设施的各种手续以及新建地震监测设施的选址、征地、委托设计、施工和设备安装等各种手续； （2）检查是否有拆迁费、征地费、新设施的全部建设费用及设备安装与损耗等全部费用计划； （3）检查原监测设施与新监测设施对比观测时间是否满一年； （4）检查原监测设施与新监测设施观测资料对比换算是否确切或有误差； （5）检查是否有提前拆除原监测设施情况，是否经过中国地震局批准
检查方式	采取现场检查与书面检查相结合的方式进行
审核意见	拟同意。 　　　审核人：_____　　　_____年___月___日
审批意见	拟同意。 　　　审批人：_____　　　_____年___月___日
备注	

填写说明：同地震监测设施和观测环境保护行政检查实施方案

三、地震监测设施和观测环境保护行政检查协助调查函

地震监测设施和观测环境保护行政检查协助调查函

(①)震协〔②〕③号

④_____：

　　我局定于____年____月____日至____月____日,对⑤____进行行政检查,亟需你局提供以下执法协助：

　　⑥
_____
_____
_____
_____
_____

(此栏不够,可另附页)。

　　请你局在收到协助调查函之日起15个工作日内将可以协助调查或者无法协助调查的情况告知我局。

　　望给予支持为盼,专此函达!

　　联系人：　　　　　　电话：

地震行政执法机关(印章)

年　　月　　日

　　本文书一式两份:一份由地震行政执法机关备案,一份交需要协助调查机关。

　　填写说明:1.①处是地震行政执法机关简称,如甘肃省地震局在此填写"甘";②处是发文当年的年份,如"2022";③处是文件编号;④处是协助调查单位名称;⑤处填写协助调查事项;⑥处填写需要协助调查的详细内容。

四、地震监测设施和观测环境保护行政检查告知书

地震监测设施和观测环境保护行政检查告知书

(①)震告〔②〕③号

④_____：

根据《中华人民共和国防震减灾法》第二十三条、二十四条、七十八条、八十七条,《地震监测管理条例》第二十五条至三十三条及其他相关法律法规规章之规定,现对你单位负责建设的 ⑤_____ 建设工程危害 ⑥_____ 地震台地震监测设施和观测环境情况进行行政检查。

我局定于_____年_____月_____日至_____月_____日,对你单位负责建设的 ⑤_____ 进行行政检查,现将检查内容有关事项通知如下：

检查内容：⑥_____

_____

_____

检查人员：_____、_____ 执法证号：_____、_____

检查方式：_____

其他事项：为保证此次检查工作顺利进行,要求你单位的代表及其他相关人员在场配合检查,并提供以下资料：

1._____

2._____

3._____

联系人：_____ 电话：_____

地震行政执法机关(印章)

年 月 日

本文书一式两份：一份由地震行政执法机关备案,一份交被检查人。

填报说明:1.①处是地震行政执法机关简称,如甘肃省地震局在此填写"甘";②处是发文当年的年份,如"2022";③处是文件编号;④处是危害地震监测设施或观测环境的建设工程建设单位的名称;⑤危害地震监测设施或观测环境的建设工程的名称;⑥是被危害地震台站的名字。

2.检查内容、检查人员、检查方式按照公示的《地震行政检查实施方案》填写。

五、地震监测设施和观测环境保护行政检查询问笔录

地震监测设施和观测环境保护行政检查询问笔录

(①)震询〔②〕③号

调查询问时间:____年____月____日____时____分至____时____分

第 ④ 次询问

询问地点_____

被询问人姓名_____ 性别____ 年龄____ 身份证号_____

工作单位_____ 职务_____

联系地址_____ 电话_____

承办人_____ 单位及职务_____

承办人_____ 单位及职务_____

记录人_____ 单位及职务_____

我们是_____地震局的行政执法人员_____、_____,证件号码为_____、_____,这是我们的证件(出示证件)。我们依法就有关问题向您了解情况,您有如实回答问题的义务,也有陈述、申辩和申请回避的权利。您听清楚了吗?

答:_____

问:_____

答:_____

以上笔录已阅,情况记录属实。

承办人(签名):_____、_____ 记录人(签名):_____

被询问人(签名):_____

年　　月　　日

共　页　第　页

填报说明:填报说明:1.①处是地震行政执法机关简称,如甘肃省地震局在此填写"甘";②处是发文当年的年份,如"2022";③处是文件编号。

2.④处指的是同一被询问人的次数。

3.一个询问笔录针对一个被询问人,不能同时询问多人。

4.笔录中应当将被询问人的基本情况记录清楚,被询问人代表单位的,应当注明其代表单位的名称以及其担任的职务等情况。

5.涂改处应当由被询问人作摁指印、加盖印章等技术处理。

6.询问聋、哑人时,应当有通晓手语的人参加,并在笔录中载明。涉及国外人员不能使用中文时,应当聘请翻译,做好翻译记录并由当事人和翻译人员签字确认。

7.被询问人在笔录上逐页签名,在笔录末页最后顶格顶行写明"以上笔录已阅,情况记录属实"的字样。若被调查询问人拒绝签名,应当注明情况。必要时,应当由其他在场人员签字证明。

六、地震监测设施和观测环境保护现场行政检查记录

地震监测设施和观测环境保护现场行政检查记录

(①)震现记〔②〕③号

行政检查主体：_____地震局

执法人员姓名：_____ 执法证号：_____

执法人员姓名：_____ 执法证号：_____

被检查对象：_____

地址：_____

法定代表人(负责人)：_____ 职务：_____ 联系电话：_____

检查场所：_____

检查时间：____年____月____日____时____分至____时____分

  我们是_____某某地震局行政执法人员_____、_____,证件号码为_____、_____,这是我们的证件(出示证件)。现依法对你单位进行现场检查,请予以配合。

  检查情况：_____
_____
_____
_____
_____

现场检查记录人员(签名)：_____、_____

被检查单位现场负责人(签名)：_____

地震行政执法机关(印章)

  年 月 日

共 页 第 页

填写说明：1.①处是地震行政执法机关简称，如甘肃省地震局在此填写"甘"；②处是发文当年的年份，如"2022"；③处是文件编号。

2.检查场所填某建设工程某现场，尽量详写。

3.应当按照现场检查过程记录检查的内容、方法、结果及与违法活动有关的其他情况。检查情况记录应当客观、全面、准确，反映其客观的原始状态，应当使用专业性的规范用语，凡是对案件有意义的情况需全面收集并予以记录，对关键细节应当详细记录，其他情况可以简述，文字表达应当做到准确、客观。对于检查发现的问题，应有法律、法规、规章、国家标准、行业标准及规程等依据。

4.文书制作完毕后，由被检查单位现场负责人签收。原则上要求该负责人签署"以上情况属实"的意见。被检查单位的负责人拒绝签字的，行政执法人员应当将情况记录在案，并向其所在地震行政执法机关有关负责人报告。

七、地震监测设施和观测环境保护行政检查结果意见书

地震监测设施和观测环境保护现场行政结果意见书

(①)震意见〔②〕③号

④ _____：

我局 _____ 月 _____ 日对你(单位)进行地震行政检查,现提出行政检查意见如下：

⑤ _____

_____

_____

_____

_____

(简要小结、概括被检查人(单位)危害地震监测设施和观测环境,或增建抗干扰设施或新建地震监测设施的主要情况)。

上述情况符合地震法律法规的规定。

建议：⑥ _____

_____

_____

_____

_____

(根据实际需要填写)。

特此告知。

地震行政执法机关(印章)

年　　月　　日

本文书一式两份：一份由地震部门备案,一份交被检查单位。

填写说明：1.①处是地震行政执法机关简称，如甘肃省地震局在此填写"甘"；②处是发文当年的年份，如"2022"；③处是文件编号。

2.④处是被检查人(单位)的名称。

3.⑤处根据检查结果及证据，评价被检查人(单位)是否危害地震监测设施或观测环境，或被检查人(单位)增建抗干扰设施或新建地震监测设施是否符合要求。

4.⑥提出对应处理意见。

八、地震监测设施和观测环境保护行政检查责令限期整改指令书

地震监测设施和观测环境保护责令停止违法、恢复原状（采取补救措施）或限期改正书

（①）震责改〔②〕③号

④_____：

经查，你单位存在以下危害地震监测设施和观测环境（未按照要求增建抗干扰设施或新建地震监测设施情况）的情况：

1. ⑤_____
2. _____
3. _____

_____
_____
_____
_____
_____
_____
_____
_____

（此栏不够，可另附页）。

现责令你单位对上述问题于_____年_____月_____日前停止违法、恢复原状（采取补救措施）（或整改完毕），达到有关法律、法规、规章和标准规定地震监测设施和观测环境保护的相关要求。⑥

如果对本指令有异议，可以依法在60日内向⑦_____人民政府或者⑦_____

_____申请行政复议，或者在6个月内依法向_____人民法院提起行政诉讼，但本指令不停止执行，法律另有规定的除外。

行政执法人员（签名）：_____ 执法证号：_____

_____ 执法证号：_____

被检查单位负责人（签名）：_____

地震行政执法机关（印章）
年　　月　　日

本文书一式两份：一份由地震部门备案，一份交被检查单位。

  填写说明：1.①处是地震行政执法机关简称，如甘肃省地震局在此填写"甘"；②处是发文当年的年份，如"2022"；③处是文件编号。

  2.④处是被检查人（单位）的称呼。

  3.⑤处列明被检查人（单位）危害地震监测设施和观测环境（未按要求增建抗干扰设施或新建地震监测设施）的具体情况。

  4.⑥处危害地震监测设施和观测环境对应的是停止违法、恢复原状（或采取补救措施），未按照要求增加抗干扰设施或新建地震监测设施对应的是限期改正。

  5.⑦处对应的是复议机关，是作出行政命令的地震行政机关的同级人民政府或上一级地震行政机关。

九、地震监测设施和观测环境保护行政检查整改复查意见书

地震监测设施和观测环境保护行政检查整改复查意见书

(①)震复查〔②〕③号

④_____：

　　本局关于____年____月____日作出了⑤_____的决定〔(　　)震责改〔　　〕第(　　)号〕，经对你单位整改情况进行复查，提出如下意见：

　　⑥_____

_____

_____

_____

_____

_____

_____

_____

_____

_____

_____

_____

被复查单位负责人(签名)：_____

政执法人员(签名)：_____　证号：_____

　　　　　　　　　_____　证号：_____

地震行政执法机关(印章)

年　月　日

本文书一式两份:一份由地震部门备案,一份交被检查单位。

填写说明:1.①处是地震行政执法机关简称,如甘肃省地震局在此填写"甘";②处是发文当年的年份,如"2022";③处是文件编号。

2.④处是被检查人(单位)的称呼。

3.⑤处是地震行政执法机关对被检查人(单位)作出的限期停止违法、恢复原状(采取补救措施)或限期改正的行政命令。

4.⑥处根据复查情况,提出重新整改意见或者提出符合要求的结论。

下篇 典型案例介绍与评析

第八章　高速公路建设危害地震监测设施和观测环境行政执法典型案例评析及执法要点解析

第一节　典型案例介绍与评析

【案例一】甘肃省交通厅武罐高速第四合同段建设危害陇南汉王台监测设施和观测环境案

一、基本情况

1.行政执法主体

甘肃省地震局。

2.行政相对人

甘肃省交通厅。

3.台站概况

陇南中心地震台汉王地电台是国家级地电台,隶属于甘肃省地震局。汉王台于1974年正式开始观测,是邢台地震后国内创建的第一批地震台站,其监测区域位于南北地震带中段、秦岭东西复杂构造带西端、武都山字型弧顶端转折部位,该台站对监测甘东南及陕、甘、川三省邻近地区地震,有着不可替代的作用。汉王地震要有电阻率、电场、地磁、测震、强震等测项,其地电测区为甘肃省最佳观测场地,曾完整记录到1976年8月16日四川松潘、平武震前异常信息,该异常记录,具有明显的阶段性负异常特征,被作为我国电阻率法预报地震的经典震例记录在案。该台相关资料在陇南市政府的土地、规划等部门均有备案。

4.执法事由

武罐高速公路第四合同段建设危害陇南汉王地震台监测设施和观测环境。

二、案情介绍

武罐高速公路(以下简称武罐高速)是国家高速公路-G75兰海(兰州—海口)高速公路的组成部分。武罐高速公路起点位于陇南市武都区两水镇,经武都城区、汉王、大岸庙、玉皇,穿越马崖子梁,经琵琶、洛塘、余家湾、清峪沟,止于文县将军石,路线全长130.415千米,影响汉王地震台地电观测环境的是武罐高速第四合同段,该高速公路于2011年5月开工,2013年12月26日建成通车使用,由甘肃省交通厅负责建设。

2008年10月武罐高速第四合同段设计阶段,甘肃省地震局执法部门(以下简称"甘肃局")曾主动与勘察设计单位接洽,向其说明汉王地震台地电观测环境保护范围,建议其在设计线路时合理避开该范围。设计单位称无法改变线路设计,汉王地震台部分电极、电杆在武罐高速建设红线范围内,建议原台站迁建。2011年5月,武罐高速第四合同段开工建设,汉王地震台中心电极、电杆被压埋在路基下,地电场、地电阻率测项被严重影响,监测技术系统无法正常运行。甘肃局与建设单位再次交涉,说明武罐高速开工造成汉王台监测设施被破坏,并致汉王台停测的事实,要求其修改道路设计,避开地震观测区域,并将破坏的监测设施恢复原状;如确实无法改变道路设计,汉王地震台迁建费用依法由建设单位承担。2011年8月底,建设单位提出汉王台搬迁,要求甘肃局提出搬迁方案和工程预算。同年9月至11月,甘肃局组织专家考察勘选迁建新地震台地址,并委托某建筑造价咨询公司做迁建工程预算。建设单位接到甘肃局确定的汉王地震台迁建方案后,请第三方对迁建费用进行了复核评估,于2011年11月19日,双方签订汉王地震台迁建补偿协议。

三、办案过程

(一)发现违法可能性,主动联系行政相对人

2008年10月武罐高速第四合同段在勘测设计阶段时,汉王台直接主管部门陇南中心地震台(现称陇南中心站)得知此武罐高速规划设计路线在汉王地震台地电观测环境保护范围内,其施工及建成后通车可能对该台地震监测设施和观测环境造成破坏。陇南中心地震台立即将有关情况向甘肃局相关主管部门作了汇报,并及时与武罐高速勘测设计部门联系,在向对方说明了汉王地震台地震监测设施和观测环境保护范围后,说明了依法保护地震监测设施和观测环境的重要性,并要求对方在设计武罐高速线路时避开汉王地震台监测区域,依法保护地震监测设施和观测环境。武罐高速勘测设计部门明确表示,该公路为国家重大项目,为整体路线考虑,无法改变已确定线路设计。

(二)函告行政相对人

甘肃局相关部门听取汇报后,立即召开专题会议研究讨论本案处置方案,并要求陇南中心地震台密切关注武罐高速项目建设情况,及时汇报项目进展。经研究讨论,甘肃局于2011年5月27日向武罐高速公路建设单位——甘肃省交通厅发函,告知行政相对

人即将违法的事实,并要求对方根据相关法律法规,避免对汉王地震台地震监测设施和观测环境造成破坏。甘肃省交通厅收到函后,指定武罐高速公路第四合同段建设指挥部征迁科与甘肃局联系,商谈处理相关事宜。

(三)调查取证,责令停止违法

2011年7月,武罐高速第四合同段开始施工,施工的道路穿过汉王地震台观测环境保护范围,且汉王地震台中心电极及电杆被压埋在施工道路中央路基之下。经甘肃局执法人员调查取证,以上施工因素改变了汉王地震台地电场测区观测介质条件,向测区释放电磁干扰,严重影响了汉王地震台监测技术系统正常运行。甘肃局得知正常观测活动受影响后,一方面发函至武罐高速项目建设单位,责令其停止违法,立即商讨解决武罐高速建设对汉王地震台观测环境造成的影响;另一方面立即组织了甘肃局相关部门及地电方面专家召开了相关论证会议;经会议研究集体决定:第一,武罐高速属于国家重点工程,且因其整体布局确实无法改变设计、施工路线,确实无法避免对汉王地震台地震监测设施和观测环境造成的危害,决定对汉王地震台采取易地搬迁方案;第二,汉王地震台易地搬迁全部费用由武罐高速项目建设单位承担。

(四)商谈迁建事宜,签订合同

此后,甘肃局执法人员在与武罐高速第四合同段项目指挥部进行进一步沟通过程中,向其说明了该项目建设危害汉王地震台地震监测设施和观测环境的事实,并向其说明《防震减灾法》等法律法规规章及相关国家标准对地震监测设施和观测环境保护的相关要求。项目部表示接受汉王地震台易地迁建方案,愿意承担全部费用。2011年8月底,建设单位提出同意汉王地震台易地迁建方案,要求甘肃局出具具体搬迁方案和工程费用预算。2011年9月至11月,甘肃局组织专家考察勘选了汉王地震台异地迁建新址,并根据地电测项要求委托某建筑造价咨询公司做迁建工程方案与费用预算。建设单位接到甘肃局出具的迁建工程方案与费用预算后,另行委托第三方对迁建工程方案与费用预算进行了复核评估。2011年11月19日甘肃省地震局与甘肃省交通厅签订了汉王地震台异地迁建补偿合同,约定一次性补偿甘肃局汉王地震台全部迁建费用,由甘肃局负责完成迁建工程,并按照相关法律法规完成对比观测。

四、处理结果

甘肃局与行政相对人甘肃省交通厅就武罐高速第四合同段建设危害汉王地震监测设施和观测环境事宜,最终以商谈方式解决,双方签订汉王台异地迁建补偿合同,并一次性支付完毕。甘肃局也根据合同约定,及时完成了汉王地震台异地迁建工作,在完成对比观测后,汉王地震台恢复了正常的地震观测工作。

五、点评解析

本案例中武罐高速公路建设,依据《防震减灾法》第二十四条第一款规定:"建设国家重点工程,确实无法避免对地震监测设施和地震观测环境造成危害的,建设单位应当按照县级以上地方人民政府负责管理地震工作的部门或者机构的要求,增建抗干扰设施;不能增建抗干扰设施的,应当新建地震监测设施。"依据《国家重点建设项目管理办法》第二条之规定,高速公路建设属于基础设施,且对区域经济有重大影响,属于"国家重点工程"范围。本案整个执法过程中,由于执法人员的积极沟通、协调,在执法人员向行政相对人说明相关法律依据后,行政相对人甘肃省交通厅及武罐高速第四合同段项目部相关工作人员也积极配合,在认定武罐高速第四合同段建设危害地震监测设施与观测环境事实上,双方并未发生争议。因武罐高速属国家重点工程,在其建设过程中确实无法避免对汉王地震台地震监测设施和观测环境造成破坏的情况下,甘肃局主动组织专家论证补救措施,作出异地迁建方案。在双方都认可的情况下,高效率、高质量地解决了相关问题。

六、执法效果

本案例虽然距今比较久远,但可以算是甘肃省地震局以"柔性执法"方式圆满解决地震监测设施和观测环境保护行政执法工作的首次探索。执法的初衷是保护地震监测设施和观测环境,同时坚持将防震减灾与当地经济建设发展大局相融合,本案的相关处理达到了执法效果与社会效益相统一。

2013年中国地震局杭州干部培训中心将本案作为典型案例制成教学片,教学片以现实的事例、翔实的资料、科学的数据、纪实的手法,生动地再现了陇南地震中心台地电台监测环境保护案应对处置全过程。该教学片在全国地震系统中青年干部培训班上播出后反响强烈,得到了领导和广大学员们的一致认可。中国地震局对甘肃局高度重视地震台站监测设施和观测环境保护工作,在全省地震台站监测设施和观测环境保护工作中,坚持将防震减灾融合于当地经济建设发展大局,依法依规开展保护工作,对取得的显著成效给予了高度的评价。

七、实务提示

通过本案,我们可以总结出在地震监测设施和观测环境保护

行政执法实务中,需要注意以下几点:

第一,要充分重视发挥地震台站的执法力量。本案中陇南中心台在武罐高速第四合同段工程设计阶段就了解到建设工程的相关信息,并在建设工程未对地震监测设施和观测环境造成危害的情况下就主动与行政相对人方取得联系,介入非常及时,这对后期的执法推进及商谈地震台站迁建工作顺利进行来说非常关键。所以,在地震监测设施和观测环境保护行政执法工作中,要充分重视发挥台站执法力量。

第二,地震监测设施和观测环境保护行政执法人员要准确掌握涉案建设工程的性质,严格把关建设工程是否属于国家重点工程。并非所有的工程建设,地震台站都要为其作出迁建让步,只有建设国家重点工程,并在其确实无法避免危害地震监测设施或观测环境的情况下,经地震部门的充分论证,才可选择增建抗干扰设施或新建地震监测设施,且全部建设费用应当由建设单位承担。

第三,地震监测设施和观测环境保护行政执法人员要注意在建设工程的设计阶段与设计单位及建设单位进行有效沟通。如果能在建设工程设计阶段就避免危害地震监测设施和观测环境,不仅有利于地震台站观测工作持续进行,也节约了增建抗干扰设施或台站迁建的时间、经济成本。

【案例二】平定高速建设危害平凉崆峒地震台监测设施和观测环境案

一、基本情况

1.行政执法主体

甘肃省地震局。

2.行政相对人

平凉市交通运输局。

3.台站概况

平凉崆峒地震台,始建于1978年,后经改造于1995年迁入平凉市崆峒区,1996年正式投入观测,隶属于甘肃省地震局。目前有地电阻率、强震动及陆态网(GPS)等观测项目,其中陆态网(GPS)观测是国家"十一五"建设重点项目。该台占地面积为1334平方米,所处位置优越,东距崆峒镇500米,西距崆峒山风景区4000米,海拔1441米,对甘肃省东南部防震减灾工作起着至关重要的作用。该台多年来观测资料连续、优质、可靠,映震效果非常好。该台相关资料在平凉市政府土地、规划等部门均有备案。

4.执法事由

平定高速公路平凉西出口连接线工程建设危害平凉崆峒地震台地电监测设施和观测环境。

二、案情介绍

平定高速公路(以下简称平定高速)是国家高速公路网福银高速和青兰高速的重要组成路段,横穿甘肃、宁夏两省区,连接庆阳、平凉、固原、定西、白银5市,由东西两段组成。东段起于平凉市泾川县的罗汉洞,经泾川、崆峒区嵋岘,止于甘宁界的沿川子;西段起于宁甘界静宁县司桥,经静宁、太平店、会宁、西巩驿,止于定西市安定区的十八里铺。接建成的柳高速公路,线路全长258千米,行车速度为每小时100千米。平定高速公路于2005年10月31日开工,该高速公路西段于2009年12月24日建成通车,东段于2015年年底竣工全程通车。

平定高速对平凉崆峒地震台地电监测设施和观测环境造成破坏的工程为平定高速子项目平凉西出口连接线工程(以下简称平定高速子项目)。其建设基本情况如下:平凉西出口连接线工程位于崆峒区崆峒镇寨子街西口,南起平定高速路西下线口,与平泾路相交,与崆峒大道下穿立交,北至泾河南岸,路线全程1040米。全线断面形式为:主车道23米,慢车道各5米,绿化带各5米,人行道各3.5米;下穿崆峒大道处设置20米通道板桥1座。平定高速子项目道路工程中同步配套污水、雨水、给水、灌溉设施,电讯管道、绿化、照明及交通安全等设施,原计划建设工期为2012年5月至2012年10月。

2010年5月平定高速子项目设计阶段,甘肃省地震局执法部门(以下简称甘肃局)曾与其勘察设计单位沟通,向其说明平凉崆峒地震台地震监测设施和观测环境保护范围,建议其在设计线路时合理避开相关保护范围。设计单位表示线路设计无法改变。2011年3月底,平定高速子项目提前开工,致平凉崆峒地震台线杆断裂,线缆多处断裂,崆峒台地电阻率被迫停止观测。期间,甘肃局多次与建设单位交涉,说明此工程开工建设造成崆峒台监测设施破坏并致该台地电阻率停测事实,要求建设单位修改道路设计,避开地震观测区域,并将破坏的监测设施恢复原状;如确实无法改变道路设计,崆峒台须迁建,迁建费用依法由建设单位承担。经多次协商,平定高速子项目建设单位平凉市交通运输局表示愿意接受平凉崆峒地震台原址深井改造方案,改造全部费用由建设单位平凉市交通运输局承担。2012年9月双方签订了平凉崆峒地震台原址深井改造补偿协议。

三、办案经过

(一)实地测量排除主项目违法可能

2010年,平定高速公路建设主项目进行平凉崆峒区路段勘察设计工作时,平凉中心地震台(现称平凉中心站)组织台站工作人员对平定高速主项目施工范围进行实地测量与计算,根据国家已经发布的标准GB/T1953.1—2004《地震台站观测环境技术要求第一部分:测震》、GB/T1953.2—2004《地震台站观测环境技术要求第二部分:电磁观测》、GB/T1953.3—2004《地震台站观测环境技术要求第三部分:地壳形变观测》、GB/T1953.4—2004《地震台站观测环境技术要求第四部分:地下流体观测》,平定高速主项目并未直接对平凉崆峒地震台地电阻率观测造成影响。但因平定高速主项目施工,平凉崆峒地震台测区电磁监测数据可能发生异常,平凉中心地震台持续关注了平定高速主项目施工期间的电磁观测资料变化,确定平定高速主项目建设并未对平凉崆峒地震台观测环境造成危害。

(二)发现违法可能性,确定行政相对人

2011年底,平定高速子项目在规划设计阶段,平凉中心地震台在得知平定高速子项目建设可能危害平凉崆峒地电台观测环境后,第一时间向甘肃省地震局(以下简称甘肃局)有关部门作了汇报,且主动与平定高速子项目勘测设计部门进行了沟通,在向其介绍了平凉崆峒地震台监测设施和观测环境保护范围,并向其说明依法保护地震监测设施和观测环境的重要性后,平凉中心地震台要求平定高速子项目勘测设计部门在设计路线时考虑避开平凉崆峒地震台监测设施和观测环境保护范围。平定高速子项目勘测设计部门表示子项目为项目整体组成部分,既定线路设计无法改变,建议平凉中心地震台与该项目主管单位平凉市交通运输局协商处理。

(三)调查取证,确认违法事实

2011年3月底平定高速子项目提前开工,甘肃局要求平凉中心地震台密切关注工程建设情况,及时汇报工程进展。2012年4月中旬,平定高速子项目全面开展施工建设,该项目施工区域距离平凉崆峒地震台直线距离不足150米,修建的公路横穿平凉崆峒地震台整个地电台测区,该场区地电观测环境受到严重破坏。2012年5月12日,平定高速子项目施工车辆剐擦平凉崆峒地震台用于观测的外线路,造成2根线杆断裂。2012年9月2日,平定高速子项目施工车辆再次剐擦平凉崆峒地震台外线路,造成3根线杆断裂,线缆保护层破损出现漏电现象。2012年9月16日,平定高速子项目施工车辆再次剐断平凉崆峒地震台外线路,线杆完好,线缆断裂1处,造成平凉崆峒地震台地电N45°E测道21、22、23时的测值出现错误数据。

2012年10月平定高速子项目工程竣工,道路全线通车。2012年11月6日,平凉崆峒地震台外线路再次被大型车辆剐断,造成4根线杆断裂,线缆多处断裂,修复十分困难。平凉崆峒地震台地电阻率观测被迫于2012年11月6日停止观测。以上违法事实,甘肃局执法人员及平凉中心地震台执法人员采取了照相、摄像等措施对违法现场进行了取证,并对行政相对人方相关工作人员进行了询问,作了询问笔录。

(四)函告行政相对人,商谈台站改造方案及费用

2012年5月3日,甘肃局向平定高速子项目建设单位平凉市交通运输局致函,提出平定高速子项目工程建设及通车过程已对平凉崆峒地震台监测设施和观测环境造成严重危害,在无法改变既定违法事实的情况下,因平定高速相关项目属于国家重点工程,确实无法避免对地震监测设施和观测环境造成危害,建设单位有义务按照甘肃局的要求增建抗干扰设施或新建地震监测设施,保障地震台站监测工作正常进行。为节约社会资源,同时保障地震监测工作正常进行,甘肃局经过专家论证,提出平凉崆峒地震台采用原址深井改造方案,全部建设费用由建设单位承担。平凉市交通运输局接到甘肃局函件后,对相关违法事实无异议,表示愿意接受平凉崆峒地震台原址深井改造方案,但对甘肃局来函中提出的改造费用表示不认同。

(五)反复协商,签订合同

依据防震减灾相关法律法规规章,本着城市建设发展与防震减灾并重的基本原则,甘肃局与平凉市交通运输局就新建高速公路西出口工程影响崆峒地震台地电观测设施和观测环境实行技术系统改造的相关事宜进行反复协商。因台站改造所需金额巨大,行政相对人工程预算费用确实有限,谈判举步维艰,双方就既不能影响政府重点项目建设,又能确保防震减灾事业发展达成共识,双方克服困难,确定了平凉崆峒地电台深井改造费用金额,并于2012年9月17日签订了平凉崆峒地震台原址深井改造合同,约定平凉市交通运输局一次性支付平凉崆峒地震台原址改造所需费用。

(六)完成台站改造

平凉市交通运输局于2012年底履行完毕合同后,甘肃局也根据合同约定及时组织平凉崆峒地震台原址深井改造工程。平凉崆峒地震台原址深井改造项目开展中,遇到两个技术难题:第一,崆峒地电阻率台搬迁难以找到合适的场地。第二,平凉崆峒地震台还有陆态网和强震动观测项目,整体搬迁所需经费巨大。为尽可能节约社会资源,保障地震观测工作持续进行,2013年初,甘肃局对平凉崆峒地震台原址深井改造项目进行了第二次专家论证,根据现场实际条件对原深井改造方案作了二次修改,决定平凉崆峒地震台地电阻率观测采用原址缩小极距做井下观测技术。此后甘肃局在改造工程项目土建打井施工的过程中多次被崆峒镇政府干预,崆峒镇政府要求甘肃局出示平凉市市政府领导的批示和市规划局的备案手续。甘肃局向平凉市人民政府致函求助后,平凉市政府迅速协调,平凉崆峒地震台电台技术改造项目于2013年10月整体竣工,完成所有外场地钻井工程、电极安装、线缆埋设,2013年11月27日完成室内仪器安装及调试工作,2014年1月正式进入试运行阶段,在完成1年对比观测后,平凉崆峒地震台恢复正常运行。

四、处理结果

甘肃局与行政相对人平凉市交通运输局就平定高速子项目建设危害平凉崆峒地震台地震监测设施和观测环境事宜,最终以商谈方式解决,双方签订合同后,平凉市交通运输局于2012年底履行合同完毕。因原定平凉崆峒地震台原址深井改造在工程建设中遇到技术难题,在无法解决的前提下,甘肃局重新论证了平凉崆峒地震台地电观测技术改造方案,于2013年底改造工程全部竣工,2014

年1月进入试运行阶段，1年后，平凉崆峒地震台恢复正常运行。

五、点评解析

本案虽然已经结案，总体来说算是圆满解决了，但从卷宗看整体的处理过程，存在以下遗憾：

第一，在整个地震监测设施和观测环境保护行政执法过程中，作为执法主体的甘肃局介入时间稍晚，在平定高速子项目建设多次造成平凉崆峒地震台外线、电缆及电杆损害的情况下，甘肃局才向行政相对人平凉市交通运输局发函交涉，因整个执法过程牵扯多方，处理时间较长，使平凉崆峒地震台地电测项停测时间过长。

第二，甘肃局作为行政执法主体，在与行政相对人平凉市交通运输局签订台站深井改造协议之前，应该经过充分调研和论证，确定最优的改造方案，避免协议签订后二次修改台站改造方案，如行政相对人严格按照原合同约定追究的话，执法主体存在主动违约风险。

六、实务提示

通过本案，我们可以总结出在地震监测设施和观测环境保护行政执法实务中，需要注意以下几点：

第一，在了解建设工程性质属于国家重点工程后，尽量一次性明确建设工程的全部规划，因为一项国家重点工程所涉及的建设范围可能会比较大，比如本案中，平定高速主项目建设并未对平凉崆峒台造成影响，但其子项目建设则对该台站造成了影响。如能在项目施工开始前掌握建设项目的全部规划，则能在项目建设的勘测设计阶段及时避免对地震监测设施和观测环境造成破坏，有利于节约社会资源。

第二,涉及到地震台站增设抗干扰设施或新建地震监测设施的,执法主体应当经过充分的科学论证,建议这个过程,执法主体应当制订一系列的内部工作制度,明确各协调部门的权力责任及论证工作流程,以保障该决定的科学性、有效性。

第三,因国家重点工程建设造成地震台站增设抗干扰设施或新建地震监测设施的建设项目中,可能会涉及当地土地规划报批协调等事宜,建议在双方签订合同的时候充分考虑到,最好写进双方商谈的合同中,以方便后期地震台站增设抗干扰设施或新建地震监测设施建设工程顺利进行。

第四,在被危害地震监测设施和观测环境的地震台站改造措施发生变化的时候,作为合同一方的地震行政执法主体最好及时与行政相对人建设工程的建设单位补签补充合同,避免地震行政执法主体主动违约。

【案例三】甜永高速建设危害环县地震台监测设施和观测环境案

一、基本情况

1.行政执法主体

甘肃省地震局。

2.行政相对人

环县自然资源局；甘肃省公航旅集团。

3.台站概况

环县地震台位于庆阳市环县县城西玉皇山根北脚下，于2005年建成，2007年正式运行，是依托"十五"国家重点项目——"中国数字地震观测网络工程"项目建设的省级测震台站，隶属于甘肃省地震局。该台站也是甘肃省区域测震台网的子台之一，其台站位置十分关键，承担着我国西部、甘肃省东北部及周边地区的地震监测任务，台站台基岩性为致密砂岩，属二级环境地噪声水平的测震台站。该台站的强震动仪器标定、运维和安全责任由平凉中心地震台(现称平凉中心站)负责。

4.执法事由

甜永高速公路环县境内甜水堡—庆城—罗儿沟圈段(以下简称"环县段")建设危害环县地震台测震观测环境。

二、案情介绍

甜永高速公路(以下简称"甜永高速")是国家高速公路网规划中的北南纵线银川—百色国家高速公路(G69)的重要组成路段。影响环县测震台观测环境的是本项目的环县段，该项目于2016年

4月开工,工期4年,由甘肃省公航旅集团负责建设,拆迁工作由环县自然资源局承担。

2015年10月,甜永高速环县段勘察设计单位因不明环县测震台所有权归属,致函庆阳市地震局说明该台虽不在甜永高速公路建设红线内,但可能对地震监测工作造成影响,庆阳市地震局接函后上报甘肃局。甘肃局接函后,经专家组研究决定支持国家重点工程建设,同意异地迁建方案,并向甜永高速公路环县段项目办公室(以下简称"项目办")提交了迁建方案及工程费用预算。2016年4月环县段工程开建,环县地震台测震观测环境遭受破坏,被迫停测。2016年至2018年底,甘肃局多次与项目办商谈环县台异地迁建事宜,进展缓慢。因环县地震台不在甜永高速环县段建设红线范围内,项目办聘请第三方固定资产评估公司,按照民用建筑赔偿标准对环县地震台地上建筑物及室内监测设施进行评估,给出的补偿金额远低于该台站异地迁建的费用,谈判陷入僵局。2019年,经过多次谈判,甘肃局执法人员提出"还原建设"的法律依据,项目办、环县自然资源局均认同,项目办聘请第三方建筑造价咨询公司对甘肃局2016年提出的迁建方案及工程费用预算作了再次评估,于2019年12月签订补偿合同,并一次性支付了迁建费用。

三、办案经过

(一)台站日常巡检,发现违法行为

2015年4月,平凉中心台工作人员在开展日常巡检工作,对环县地震台强震动仪器标定时,发现仪器显示数据异常,于是对台站附近环境进行勘查。在勘查过程中,发现原有玉皇山侧边通往台站的公路已被推成两层,上层距测震山洞东北角仅有20米,且此处已经开始开钻山洞,台站工作人员询问现场工作人员得知,此处正在为即将新修建的甜永高速公路做准备。台站工作人员随后又在环县地震台地震观测环境保护范围内进行了踏勘,发现周边全部为高速公路建设场地,且有施工车辆,环县地震台测震观测环境完全被破坏,观测数据紊乱,无法使用,环县地震台可能面临停测。台站工作人员对甜永高速环县段建设危害环县地震台观测环境违法现场进行了现场拍照、录像、测量勘验等取证后,报告平凉中心地震台负责人。

(二)联系行政相对人,现场取证

平凉中心地震台负责人接到巡检人员报告后,立刻报告甘肃省地震局(以下简称甘肃局)相关部门,并于2015年5月上旬带领2名工作人员赴环县地震台实地了解情况,在无法与甜永高速施工现场负责人员友好面谈的情况下,平凉中心地震台一行人员联系到了环县人民政府交通运输局、自然资源局等相关部门,并进行沟通,经了解该高速公路由甘肃省公航旅集团负责建设,拆迁工作由环县自然资源局承担。在环县人民政府交通运输局的指示下,甜永高速项目办派出1名技术人员与平凉中心地震台工作人员共同对施工现场进行了二次勘察并作了相关记录。在此后的洽谈会议中,甜永高速项目办与会人员对该高速公路建设危害环县地震台观测环境事实无异议,但就此事的处理态度非常消极,无法继续商谈甜永高速环县段危害环县地震台观测环境的处理方案。

(三)联系勘察设计单位,商议台站迁建

2015年10月,甜永高速环县段勘察设计单位因不明环县测震台所有权归属,致函庆阳市地震局说明甜永高速环县段虽不在高速公路建设红线范围内,但其建设有可能对地震监测工作造成影响,征询相关意见。庆阳市地震局收到设计单位函后,迅速转交甘肃局。甘肃局接到函后,迅速组织专家征询意见,讨论处理方案,经讨论,得出以下结论:第一,甜永高速环县段过境线距离环县测震台约82.3米,远小于国家行业标准《地震台站观测环境技术要求第一部分:测震》(GB/T19531.1—2004),县级以上(含县级)公路距离Ⅱ级环境地噪声水平的测震台站的最小距离是1.7千米的规定要求,甜永高速环县段建设及其建成通车后,将对环县地震台观测环境造成严重影响。第二,环县属于黄土高原丘陵沟壑区,黄土覆盖厚,基岩出露少,原地增加抗干扰设施无法实现,建议易地搬迁。第三,因甜永高速属于国家重点项目,如确实无法改变设计路线,对地震观测环境造成的危害无法避免的情况下,根据《中华人民共和国防震减灾法》等法律法规,环县地震台将易地迁建,迁建费用由甜永高速环县段建设单位承担。甘肃省向甜永高速环县段设计单位发函告知以上决定,并详附台站迁建方案与预算费用。

(四)行政相对人以民用建筑标准赔付台站迁建

2016年4月,甜永高速环县段开工建设,环县地震台观测环境收到严重破坏,被迫停测。此后至2018年底,甘肃局多次与甜永高速环县段项目办多次商议环县地震台易地搬迁事宜,项目办搬迁工作还未开始,由环县自然资源局聘用第三方资产评估公司对沿线建筑物进行评估,统一拨付赔付资金。2018年5月,项目办在未通知甘肃局的情况下,委托陕西某资产评估有限责任公司对环县地震台房屋建筑、地上附着物及现有监测设施进行资产评估,并按照民用资产标准对以上资产进行赔付。民用资产赔付标准与环县地震台迁建所需费用相差甚远,双方谈判再次陷入僵局。

(五)寻找关键法律依据,签订补偿协议

2019年初,甘肃局再次派执法人员前往环县,甘肃局与庆阳市地震局、环县应急局、甜永高速公路项目办、环县自然资源局、环县交通运输局再次就甜永高速环县段建设危害环县地震台观测环境相关事宜商议解决方案。洽谈会上,环县自然资源局提出,环县地震台不在高速公路红线范围内,赔付标准只能按照民用建筑赔付。甘肃局执法人员提出地震监测属于公益事业,地震台站迁建属于"还原建设",按照《中华人民共和国公路法》第三十一条"因修建公路影响铁路、水利、电力、邮电设备和其他设施正常使用时,公路建设单位应当按照不低于该设施原有的技术标准予以修复,或者给与相应的经济补偿"之规定。这与《中华人民共和国防震减灾法》第二十四条中建设国家重点工程,确实无法避免危害地震监测设施和观测环境的,台站迁建费用由建设单位承担之规定一致。至此,谈判有了重要突破,行政相对人环县自然资源局要求甘肃局重新递交环县地震台易地迁建方案及工程预算。2019年7月,甘肃局递交相关方案及工程预算后,环县自然资源局委托第三方庆阳市某建设工程管理咨询公司对甘肃局提交的方案及工程预算进行了复核,双方在对复核结果无异议的情况下,签订了环县地震台易地迁建补偿协议。

四、处理结果

甘肃省地震局与行政相对人环县自然资源局就甜永高速环县段建设危害环县地震台地震观测环境事宜,最终以商谈方式解决,双方签订合同后,环县自然资源局于2019年底履行完毕款项支付。环县测震台异地迁建项目也在进行中,目前正在对比观测中。

五、点评解析

从这个案例我们可以看出,随着社会经济的进步,对地震监测设施和观测环境保护行政执法工作的要求也越来越高了，这个案件执法历时近五年才圆满解决，一方面是由于执法积极性仍需提高，另一方面还是执法技术有待完善，这就提醒我们广大地震执法人员及相关领导干部，在开展地震行政执法工作时，熟知防震减灾相关法律法规及地震国家标准还是远远不够的，在以"商谈"为主的执法背景下，执法人员还要研究与行政相对人行业相关的法律法规，如本案中，如甘肃局的执法人员没有找出《中华人民共和国公路法》第三十一条中关键性法律依据，可能双方的商谈进度就不会这么顺利，那么相关台站停测时间就会更久，地震监测数据恢复可能就会更加延后。另外，我们认为在行政相对人已经对地震台站观测环境造成危害事实的情况下，地震行政执法主体对行政相对人发出责令停止违法行为的法律文书非常有必要，这对后期执法工作的持续推进，对保持地震行政执法程序完整性非常重要。

六、实务提示

通过本案，我们可以总结出在地震监测设施和观测环境保护行政执法实务中，需要注意以下几点：

第一，地震台站工作人员在日常巡检工作时，不仅要关注地震台站建筑物、地震监测仪器是否完好，还要定期对地震台站附近的地震观测环境保护范围内的区域进行巡视，尽量在第一时间发现危害地震监测设施和观测环境的违法可能性，以便及时采取相关措施。

第二，虽然当前地震监测设施和观测环境保护行政执法工作多以"柔性执法"为主，即以行政执法主体与行政相对人以商谈的方式解决，但为保证执法工作的公正文明，保证行政执法程序合法，保障执法结果公平公正，建议地震行政执法主体与执法工作人员完善地震监测设施和观测环境保护行政执法文书，此举十分必要，一方面体现了行政执法"三项制度"中行政执法公示公开、全过程记录制度、重大执法法制审核制度之要求，另一方面也能保障行政相对人的合法权益。

第三，地震行政执法人员不但要熟知防震减灾法律法规规章及国家标准，还要对行政相对人所涉行业的法律法规进行研究，以提高执法效率与质量。

第二节 高速公路建设危害地震监测设施与观测环境行政执法要点解析

一、高速公路建设危害地震监测设施和观测环境执法要点总结

（一）严格把关"国家重点工程"范围

依据《中华人民共和国防震减灾法》第二十四条的规定，只有建设"国家重点工程，确实无法避免对地震监测设施和观测环境造成危害的"，才可以通过增建或新建地震监测设施的方式解决。除"国家重点工程"之外的新建、扩建、改建工程都应当避免危害地震监测设施和观测环境。判断"国家重点工程"，依据《国家重点建设项目管理办法》第二条之规定，高速公路建设属于基础设施，且对区域经济有重大影响，属于"国家重点工程"范围。依据《中华人民共和国防震减灾法》第二十四条第二款之规定，"建设工程项目在地震观测环境保护范围内，城乡规划主管部门在核发选址意见书时,应当征求地震工作部门的意见。"地震部门在回复意见时,应注意加强沟通,在项目确实无法改变高速公路路线设计的情况下,向建设单位说明其有增建或新建监测设施的义务。

本章中选取的三个案例中的高速公路建设均符合"国家重点工程"的范围,在核发选址意见书之前,甘肃局均与勘察设计单位沟通,建议其改变路线设计,合理避开观测环境保护范围;在确实无法避免危害地震监测设施和观测环境的情况下,向设计单位、建设单位及负责核发选址意见书的部门说明原台站须迁建或增建抗干扰设施的原因,建设费用由建设单位承担。

(二)协调高速公路建设"红线"与观测环境保护范围不一致

高速公路建设"红线"即高速公路建筑控制区范围,是指公路用地外缘向外一定距离。依据《公路安全保护条例》第十一条中规定"高速公路建筑控制区的范围从公路用地外缘起向外的距离标准不少于30米。《河南省高速公路条例》第十八条规定国家重点高速公路用地两侧外各50米,其他高速公路用地两侧外各30米,高速公路立交桥、匝道、收费站外侧各100米范围内为高速公路建筑控制区。"《公路安全保护条例》第十三条规定,高速公路建筑控制区内除公路防护、养护需要外,禁止修建建筑物和地面构筑物。

如果地震台站在高速公路红线范围内,按照《中华人民共和国公路法》《公路安全保护条例》规定,必须要搬迁,本章中案例一、案例二均为红线范围内;如果在红线范围外的,按照《中华人民共和国公路法》《公路安全保护条例》规定可以不予搬迁,但按照《中华人民共和国防震减灾法》第二十三条、二十四条规定,地震观测环境受危害严重,应当迁建或增建抗干扰设施。此时出现法律适用冲突,本章案例三就属于这种情况。甘肃局在开展案例三的行政执法时,也因此遇到阻力,后在谈判中,执法人员提出地震监测同样属于公益事业,地震台站迁建属于"还原建设",参照《中华人民共和国公路法》第三十一条"因修建公路影响铁路、水利、电力、邮电设备和其他设施正常使用时,公路建设单位应当按照不低于该设施原有的技术标准予以修复,或者给与相应的经济补偿"之规定。此规定中还原建设的费用问题规定与《防震减灾法》第二十四条中迁建费用由建设单位承担之规定一致。

(三)开展行政检查,收集违法证据

各级地震工作主管部门作为地震监测设施和观测环境保护行政执法主体,依据防震减灾相关法律法规有权对高速公路建设危害地震监测设施和观测环境开展专项行政检查,由2名以上具有地震行政执法资格的执法人员,通过现场检查、勘验、测量等方式调查取证,制作检查笔录,告知行政相对人权利、义务,制作并送达行政检查结果通知书。行政检查结果如果违法,根据《中华人民共和国防震减灾法》第八十四条之规定,向行政相对人下达违法行为通知书,责令相对人停止违法,恢复原状或采取其他补救措施;损毁地震监测设施的,可以要求其承担民事赔偿。如属于国家重点工程,确实无法避免对地震监测设施和观测环境造成破坏的,根据《中华人民共和国防震减灾法》第二十四条之规定,告知建设单位须增建抗干扰设施或迁建台站。

(四)国家标准在证据中的应用

依据《中华人民共和国立法法》第一条、第二条、第九十二条之规定,《地震国家标准》不属于正式的法律渊源,不能作为行政执法中判断行政相对人是否违法的裁判依据,但在裁判中可以作为一种法律事实或证据加以援引。本文中被危害的测项有地电场、地电阻率、测震,依据《地震台站观测环境技术要求第二部分:电磁观测(GB/T1953.1—2004)》及《地震台站观测环境技术要求第一部分:测震(GB/T1953.1—2004)》之要求,经现场实测,确认高速公路开工建设造成地震台停测事实。甘肃局在开展行政执法过程中收集了高速公路开工建设前后地电场、地电阻率、测震曲线变化图作为违法证据。

(五)签订行政补偿合同

甘肃局在处理高速公路建设危害地震监测设施和观测环境的行政执法实践中,以行政处罚结案的几乎为零。地震工作主管部门作为行政主体,在执法实践中多按照《防震减灾法》第二十三、二十四条之规定,通过行政检查、行政指导、行政合同等"柔性执法"方式结案。

(六)增建或迁建工程完工,完成对比观测

签订行政补偿合同后,按照合同条约,高速公路建设单位支付补偿款后,由地震工作主管部门完成增建或迁建工程,并通过验收。按照《地震监测管理条例》第三十三条第2款之规定,新建地震监测设施的,地震部门可以要求新建地震监测设施正常运行1年以后,再拆除原地震监测设施。

二、目前此类执法存在的问题

(一)法律依据缺位

本章中3个案例最终均以"行政补偿合同"的方式结案,这属于柔性执法范畴。柔性执法是指行政主体采用行政指导、行政监督、行政合同等行政手段来处理行政相对人的违法行政行为。与行政处罚、行政强制等相比,柔性行政执法不具有行政强制力。目前,关于柔性执法方面的法律依据尚且空白，只在《中华人民共和国行政强制法》第五条中提到，并未有实际的约束条件。本文中地震行政执法中用到的行政补偿合同，《中华人民共和国防震减灾法》《地震监测管理条例》中均没有相关的规定，其订立和生效主要是依据《中华人民共和国民法典》，但如何寻求法律救济，合同内容是否合理，并无规定。这也是柔性执法的一个弊端，容易滋生消极怠工或腐败贪污。

(二)执法主动性不够

本章案例一和案例二中，城市规划建设和国土资源等部门在审核选址规划时，几乎未考虑防震减灾因素，直接导致了地震行政执法部门无法在规划阶段解决地震监测设施和观测环境保护行政执法问题；案例三中的甜永高速公路规划设计单位因不明环县测震台的归属，征询意见时找错对象，影响了执法进度。造成以上问题的原因，一方面是政府重视程度不够，更重要的是地震行政执法部门自身保护意识不够强，执法主动性不够，未能及时有效地向地震台站所在地的县级以上国土部门、规划建设部门、公安部门等申请或更新台站备案，致使在高速公路建设的规划阶段未考虑避开地震监测设施和观测环境保护范围。

(三)执法效率低下

地震监测设施与观测环境保护行政执法实践中，从执法工作参与其中到以行政补偿合同结案，少则1、2年，多则3、5年，执法周期比较长，效率低下。在很长一段时间内被危害的地震台站都不能正常观测，严重影响了监测预报质量。究其原因，一方面是因为地震行政执法部门内部的分工协作不到位，工作流程不顺畅；另外一方面是地震系统综合性人才储备不够，在执法一线的工作人员普遍存在着"懂法律的不懂地震专业知识,懂地震专业知识的不懂法律"的硬伤,造成取证难、处罚难、谈判难、落实难,以致执法效率低下。

(四)相关宣传不够

目前,政府和地震部门借助"5·12""7·28"等特殊时段开展的防震减灾宣传活动越来越多。但多侧重于地震成因、地震类型、避震方式、震后救援等技术方面,涉及防震减灾法律法规方面的比较少,具体到地震监测设施和观测环境保护方面的就更少了。公众和行政相对人对地震监测设施和观测环境保护相关法律法规了解不多,对国家标准中关于测震、电磁、地壳形变和地下流体的观测环境要求就了解得就更少了,造成了许多直接或间接破坏地震监测设施和观测环境的行为发生。

三、相关执法工作建议

(一)形成流程化、制度化约束

地震监测设施和观测环境保护行政执法因影响因素不同,处理方式也不尽相同。如高速公路建设、铁路建设、高压电工程建设等影响的测项和范围均不同,采用的处理方式也不同。因行政相对人主体的不同,对其劝导、指导、协商的方式和条件也不同,通过实体立法来解决地震监测设施和观测环境保护柔性执法法律依据缺位的问题不太实际。柔性执法是人性化执法,注重服务民生,实现严格执法与文明管理,而刚性立法则恰恰扼杀了其灵活、高效、适应性强的优点。笔者建议,可以在地震系统内部形成统一的地震监测设施和观测环境保护行政执法流程约束其柔性执法行为,可以通过制订柔性执法工作程序及自由裁量标准,减少柔性执法可能带来的弊端。

(二)完善、更新地震监测台站备案

地震行政执法主体向地震台站所在地的县级以上国土部门、规划建设部门、公安等部门申请或更新台站备案,是一种宣示地震台站所有权和管理权的行为。地震行政执法权是建立在所有权和管理权之上。目前,全国地震台站普遍存在着备案不完全、更新不及时的问题,随着中国防震减灾事业的不断发展,更多、更密集的台站建设是必然趋势,建议地震部门在不断发展地震监测预报技术的同时,也应注意地震台站监测设施和观测环境的法律保护。按照不同台站的功能和重要性,将台站保护区范围向同级国土、规划、公安等部门备案,建立多部门联动保护机制,并根据地震台站附近区域规划,及时更新备案内容。

(三)加强行政执法队伍建设

长期以来,地震部门都是以监测预报和科研为主,职工多是科研技术人员,法律专业工作人员非常稀少。在开展地震监测设施和观测环境保护行政执法工作时,发现相关工作人员法律意识淡薄,依法管理的经验欠缺,造成了取证不规范、执法不及时。执法队伍建设是落实执法工作、保障执法质量的基础。地震工作主管部门须严把执法人员资格,并增强一线监测部门的行政执法力量,可考虑在台站配备1~2名执法人员,以便第一时间处理地震监测设施和观测环境保护工作。建立考核考试相结合的晋升机制,考核执法人员的办案数量和质量。形成专业法律法规、行业标准、执法技巧常态化学习机制,提高依法行政专业化水平。

(四)加大宣传力度

借助"5·12""7·28""12·4"等重要节点,地震工作主管部门积极联系当地政府做地震监测设施和观测环境保护方面的宣传,包括科技宣传和法律法规宣传。探索生动有趣、易懂易学的宣传方式,充分利用互联网、手机移动客户端、微博等力量,让社会公众意识到保护地震监测设施和观测环境的重要性。同时地震工作主管部门需加强与地震台站所在地的公安、规划等部门的联系,及时向其说明观测环境保护要求,并加强对地震台站周围民众的宣传,预防违法行为。

四、相关法律依据

高速公路建设危害地震监测设施和观测环境保护行政执法的法律依据有:

(1)《中华人民共和国防震减灾法》第二十三条、二十四条、八十四条、八十五条。

(2)《地震监测管理条例》第二十五条至三十三条、三十六条、三十七条。

(3)原《甘肃省防震减灾条例》第十六条至十八条。

(4)《甘肃省地震监测设施和观测环境保护规定》全文。

(5)《中华人民共和国公路法》第三十一条。

(6)《公路安全保护条例》第十一条、十三条。

(7)《地震台站观测环境技术要求(GB/T1953.1—2004)》。

(8)其他法律法规。

第九章　铁路建设危害地震监测设施和观测环境行政执法的典型案例评析与执法要点解析

第一节　典型案例介绍与评析

【案例一】兰渝铁路建设危害陇南中心地震台观测环境案

一、基本情况

1. 行政执法主体

甘肃省地震局。

2. 行政相对人。

兰渝铁路有限责任公司。

3. 台站概况

陇南中心地震台是邢台地震后国内创建的第一批台站，其监测区域位于南北地震带中段，秦岭东西复杂构造带西端，武都山字型弧顶端转折部位，对监测甘东南及陕、甘、川三省邻近地区地震，有着不可替代的作用。该台隶属于甘肃省地震局，有电阻率、电场、地磁、测震、强震等多个测项，观测资料多次在全国资料评比中名列前茅。该台站在陇南市政府的土地、规划等部门均有备案。

4.执法事由

兰渝铁路有限责任公司建设及运行危害陇南中心地震台观测环境。

二、案情介绍

兰渝铁路北起兰州站、南至重庆北站,穿越甘、川、渝两省一市和22个市县(区),正线全长886千米。2005年开始,甘肃省、四川省、重庆市与铁道部共同商议合资建设兰渝铁路,2008年开工建设,2018年1月16日,兰渝铁路全线双线完全贯通。兰渝铁路设计单位为铁道部第一勘测设计院,兰渝铁路有限责任公司负责建设运营。

2005年12月下旬,甘肃省地震局(以下简称甘肃局)通过媒体获悉兰渝铁路即将开工建设。该铁路沿线途经甘肃临洮、文县等9个市县,可能对甘肃局19个地震台(站)造成影响。甘肃局第一时间主动与设计方铁道部第一勘测设计院联系,通知对方兰渝铁路沿线涉及的19个地震台的位置,要求在进行兰渝铁路线路设计时,尽量避开铁路沿线地震台的观测环境保护范围。多次沟通下,铁道部第一勘测设计院优化了路线设计方案,但陇南段线路对陇南中心地震台观测环境的影响无法避免。兰渝铁路陇南段开工期间,造成陇南中心地震台停测。因该铁路距离陇南中心地震台仅14米,远低于国家标准的规定,且影响该台电阻率、电场、地磁、测震、强震等多个测项,经专家论证,作出陇南中心台迁建方案。经多次商谈,兰渝铁路建设单位兰渝铁路有限责任公司同意承担陇南中心地震台易地搬迁和技术改造全部费用。甘肃省地震局与兰渝铁路建设单位于2009年12月9日签订补偿协议。

三、办案过程

(一)获悉铁路线路规划,勘测相关台站

2005年12月下旬,甘肃局工作人员了解到兰渝铁路即将开工。在询问了甘肃省交通运输厅等相关部门后,了解了兰渝铁路途径线路规划。根据了解到的线路规划,甘肃局迅速组织技术人员成立兰渝铁路沿线地震台站勘察测量排除工作小组,根据兰渝铁路原定的路线设计对铁路沿线所涉全部地区地震台站进行勘察测量,评估兰渝铁路按照原定路线设计对甘肃省境内地震台站地震监测设施和观测环境的危害程度。根据排查结果统计,兰渝铁路原定路线设计自兰州出发,途经甘肃临洮、文县等9个市县,可能对甘肃省内共计19个地震台站造成影响,这将严重影响甘肃省陇南地区的地震监测台站布局,严重影响陇南地区地震监测数据。

(二)主动与设计单位沟通

经了解,兰渝铁路当时还在设计阶段,原铁道部第一勘测设计院(以下简称设计院)负责该铁路的设计工作。甘肃局在该铁路设计工作还未完全结束之前,迅速联系设计院相关项目负责人,向其说明如果按照最初的铁路线路设计,将会对甘肃省内铁路沿线的地震台站观测环境造成严重的破坏,希望设计院从保障人民生命、财产安全角度出发,支持防震减灾工作,改变铁路线路设计,尽量避免对沿线地震台站的地震监测设施和观测环境造成危害。甘肃局多次与设计单位就此事进行沟通,并正式行函,根据《地震监测管理条例》三十一条、三十二条、三十三条之规定,要求设计单位在设计兰渝铁路线路时,尽量避开甘肃省境内地震台站监测设施和观测环境保护范围。

(三)实地勘察,调整路线设计

经过甘肃局执法人员的不懈努力,多次与设计院沟通,向其说明地震监测工作对人民生命、财产的重要性,并向其说明依据《地震监测管理条例》,在无法调整铁路路线设计的情况下,兰渝铁路建设单位要承担铁路沿线19个地震台站增设抗干扰设施或易地搬迁的全部费用,费用非常巨大。经过多次沟通协调,2008年5月,设计院邀请甘肃局执法人员、地震监测技术人员及铁路沿线地震台站相关人员,对兰渝铁路最初涉及的19个地震台站进行了现场查勘,并测量了地震台站距离铁路涉及路线的距离,经实地踏勘后,设计院组织相关会议讨论修改原定的兰渝铁路设计路线,甘肃省地震局执法人员代表、技术人员代表一同参加。一方面考虑不影响兰渝铁路的整体布局,另一方面考虑最大限度地减少对沿线地震台站监测设施和观测环境的危害,设计院调整了兰渝铁路相关路线设计,但无法避免对陇南中心地震台观测环境的危害。

(四)商谈迁建事宜,签订合同

陇南中心地震台涉及测项较多,且位置布局较重要,甘肃省地震局在请示中国地震局相关部门后,组织相关专家进行了论证,最终决定陇南中心地震台易地搬迁,并在基本建设基础上采用加固、抗电磁、地面振动干扰新技术、新设备,对陇南中心地震台受兰渝铁路影响的所有观测项目设备与系统进行了全面升级和技术改造。经多次商谈,兰渝铁路建设单位兰渝铁路有限责任公司同意承担陇南中心地震台易地搬迁和技术改造全部费用。甘肃省地震局与兰渝铁路建设单位于2009年12月9日签订补偿协议。

四、处理结果

甘肃局与行政相对人兰渝铁路有限责任公司就兰渝铁路建设危害陇南中心地震台地震观测环境经多次商谈后,最终于2009年12月9日以协议方式解决。按照协议约定,协议签订5日内,兰渝铁路有限责任公司向甘肃省地震局支付了20%协议款,1个月内再支付50%协议款,待甘肃局负责的陇南中心地震台迁改工程竣工、地震监测设备正常运行1个月后,结清30%余款。陇南中心地震台易地迁建工程在此协议款与汶川地震灾后重建配套资金的共同支持下,于2012年9月全部竣工。2012年10月,甘肃局向兰渝铁路有限责任公司递交陇南中心地震台易地迁建工程竣工报告与观测资料报告后,兰渝铁路有限责任公司结清尾款。

五、点评解析

本案从开始到结束,历时7年多,终于完全解决。虽然办案过程比较漫长,执法主体甘肃局与行政相对人各方协调难度比较大,但最终在兰渝铁路线路设计阶段就解决了,还是非常成功的。本案有几点值得地震行政执法人员借鉴:

第一,地震行政执法人员在日常工作时,要注意与本执法行政区域内相关的重大项目建设的动向,借助地震监测专业人员的技术力量在项目设计阶段就评估建设项目对本执法行政区域内地震监测设施和观测环境的危害程度。

第二,地震监测设施和地震观测环境的保护行政执法工作人员,不仅要熟知防震减灾、法律、法规、规章及国家标准的规定,还要有扎实的地震监测业务工作经验和较为扎实的防震减灾专业知识,这对节约执法成本来说,非常重要。本案的执法人员将专业知识与工作经验相结合,在兰渝铁路还未开工前便判断出其将会对陇南中心地震台地震观测环境造成危害,随即联系兰渝铁路设计单位,改变线路设计,节约了社会建设成本。

第三,地震监测设施和地震观测环境的保护行政执法工作中的法律适用。本案发生时,《地震监测管理条例》已颁布实施,但上位法《中华人民共和国防震减灾法》(1997版)还未修订,二者关于"新建、扩建、改建建设工程确实无法避免造成危害,建设单位应当按照县级以上地方人民政府负责管理地震工作的部门或者机构的要求,增建抗干扰设施或者新建地震监测设施后,方可进行建设"的相关规定不一致,上位法《中华人民共和国防震减灾法》未对新建、扩建、改建建设工程做特殊要求,下位法《地震监测管理条例》限定为国家重点工程。按照新法优于旧法、特殊法优于一般法的适用原则,本案适用了《地震监测管理条例》。

第四,在进行地震监测设施和地震观测环境的保护行政执法商谈、签订协议、追踪协议执行的工作中,应积极向行政相对人宣传防震减灾地震科普知识和法律法规规章,才能赢得对方的尊重和理解。

六、实务提示

通过本案,我们可以总结出在地震监测设施和观测环境保护行政执法实务中,需要注意以下几点:

第一,要注意执法介入的时间点。本案中,甘肃局执法工作是在兰渝铁路规划设计阶段就介入,一方面最大程度地减少了建设工程对地震监测设施和观测环境造成的影响,另一方面也能节约社会资源。

第二，本案中执法人员积极了解兰渝铁路建设信息，并在第一时间报告甘肃局，确定执法方案，这种积极的执法态度非常值得提倡，虽然本案从开始到结束，历时较长，但执法主体从开始就占据了主动权，并最大限度地节约了执法成本。

第三，执法人员在执法过程中要注意相关法律、法规、规章的适用，本案在出现上位法与下位法规定不一致的情况下，根据相关法学理论，采用了新法优于旧法、特殊法优于一般法的法律适用规则。

【案例二】兰新铁路客运专线建设危害柳园地震台测震监测设施和观测环境案

一、基本情况

1.行政执法主体

甘肃省地震局。

2.行政相对人

瓜州县国土局。

3.台站概况：柳园地震台是中国地震局"十五"重点项目——"中国数字地震观测网络工程"项目新建的甘肃省44个数字化测震台站之一，是国家级地震台，始建于2005年，隶属甘肃省地震局，是我国最早的数字地震观测网络台站之一，该台地处祁连山地震带及青藏块体北缘，历史上发生过强烈地震，多次被中国地震局划为地震危险区和地震重点监视区之一。该台在瓜州县、酒泉市政府的土地、规划等部门备案。

4.执法事由

兰新铁路嘉峪关至乌鲁木齐阿拉山口电气化改造工程建设危害柳园地震台监测设施和观测环境。

二、案情介绍

兰新铁路客运专线（简称"兰新铁路"）全长1776千米，东起甘肃省境内兰州西站，途径青海省西宁、甘肃省张掖、酒泉、嘉峪关，终点站为乌鲁木齐二宫站，设计最高时速为250千米。2009年11月4日，正式开工建设，2014年12月26日，全线开通运营。该铁路由新疆铁道勘察设计院有限公司负责设计，兰新铁路甘青有限公司（以下简称"甘青公司"）负责建设，拆迁工作由瓜州县国土局负责。

2008年8月13日,新疆铁道勘察设计院有限公司致函甘肃局,要求提供兰新铁路沿线1000米范围内的地震监测台(站)位置、规模及设备类型。甘肃局接到通知后仔细查明,如果按照原定设计路线施工,沿线柳园地震台、嘉峪关地震台、高台地震台、张掖地震台观测环境均会受到严重危害,危害测项涉及测震、地电阻率、地电场。嘉峪关地震台的氡采样点距该铁路仅16米,远小于《中华人民共和国国家标准(GB/T19531.1—19531.4—2004)》中《地震台站观测环境技术要求》第一部分第五条"Ⅲ级(含Ⅲ级)以上铁路距地震计安放位置与干扰源之间的最小距离2.5千米"的标准。因兰新铁路原定路线设计危害多个地震台站地震监测设施和观测环境,迁建成本高,且这四个地区地震形势严峻,在甘肃局的强烈要求下,兰新铁路设计方优化设计方案,避免了对嘉峪关、高台、张掖三个地震台观测环境的影响,柳园地震台无法避免。兰新铁路距离柳园地震台最近直线距离仅500米左右,远低于国家标准。经专家多次论证,兰新铁路对测震台站的影响主要是列车经过时产生的震动干扰,目前尚无有效的抗干扰措施,不能通过增设抗干扰设施和技术改造消除震动干扰,只能选择台站整体迁建。建设单位认同柳园地震台地震监测设施和观测环境被危害事实后,同意柳园地震台整体迁建方案,2014年4月甘肃局与负责兰新铁路沿线拆迁工作的瓜州县国土资源局签订柳园地震台易地迁建补偿协议。

三、办案过程

(一)设计单位要求提供铁路沿线地震台站及监测设施

2008年8月13日,甘肃局接到新疆铁道勘察设计院有限公司(以下简称设计公司)《关于收集嘉峪关至红柳河段铁路沿线地震监测台等相关资料的函》的函件,函件称设计公司负责设计的兰新铁路嘉峪关至乌鲁木齐阿拉山口电气化改造工程目前已进入初步设计阶段,为保证工程的顺利进行,要求甘肃局提供兰新线(嘉峪关至红柳河之间)沿线1000米范围内的地震监测台(站)位置、规模及设备类型。

(二)现场勘查铁路沿线地震监测设施与观测环境

甘肃局收到函件后高度重视,时任分管局长的于同日作出批示:"请监测预报处负责,监测中心配合认真调查落实工程设计范围内(按照观测环境保护范围,是否不仅限于沿线1000米范围,要认真落实)地震监测台(站)点相关信息,尽快反馈,确保铁路工程沿线监测设施及环境不受干扰、破坏。"甘肃局执法、监测人员接到指示后,根据设计公司提供的规划设计线路对沿线经过的地震台站的位置信息做了认真的核实、盘点、记录。经盘点,如果按照设计公司提供的铁路设计路线施工,铁路沿线柳园地震台、嘉峪关地震台、高台地震台、张掖地震台观测环境均会受到严重危害,危害测项涉及测震、地电阻率、地电场等。其中,嘉峪关地震台的氡采样点距铁路仅数十米的距离,远小于《中华人民共和国国家标准(GB/T19531.1—19531.4—2004)》中《地震台站观测环境技术要求》第一部分第五条"Ⅲ级(含Ⅲ级)以上铁路距地震计安放位置与干扰源之间的最小距离2.5千米"的标准。嘉峪关台的地电、地磁、流体、测震四大类地震监测项目距离铁路直线1600米,均远小于《中华人民共和国国家标准(GB/T19531.1—19531.4—2004)》中《地震台站观测环境技术要求》。

(三)函告设计单位,建议改变路线设计

甘肃省河西地区地震形势复杂,柳园地震台、嘉峪关地震台、

高台地震台、张掖地震台四个地震台位置重要,甘肃局在查明相关监测设施和观测环境将受到危害的情况后,向设计公司发函,建议设计公司优化铁路路线设计,避免对以上四个地震台站监测设施和观测环境造成危害。因兰新铁路属于国家重点项目,如确实无法改变路线设计,依据《防震减灾法》等相关法律、法规、规章及标准,建设单位需要承担以上四个地震台站增建抗干扰设施或易地搬迁的全部费用,并在此函附件中向设计单位提供了柳园地震台拆建预算、嘉峪关地震台电场测项迁建预算、高台地震台电场拆建预算及张掖地震台测震、强震、电磁波测项迁建预算。

(四)设计单位优化铁路路线

设计公司接到甘肃局函件后,经过多方讨论、请示兰新铁路主管部门、建设单位及相关部门(单位)意见,决定在不影响兰新铁路整体布局的情况下,优化了路线设计。优化后的路线设计避免了对嘉峪关地震台、高台地震台、张掖地震台地震监测设施和观测环境的危害,但因地势原因,对柳园地震台地震监测设施和观测环境的危害无法避免。优化后的铁路路线设计距离柳园地震台最近直线距离仅500米左右,远低于中华人民共和国国家标准(GB/T19531.1—19531.4—2004)《地震台站观测环境技术要求》第一部分第五条"Ⅲ级(含Ⅲ级)以上铁路距地震计安放位置与干扰源之间的最小距离2.5千米"的标准。

(五)联系建设单位,商讨处置方案

在兰新铁路路线设计确实无法避免对柳园地震台造成危害的情况下,甘肃局迅速联系兰新铁路建设单位兰新铁路甘青有限公司(以下简称甘青公司),发函说明兰新铁路属于国家重点建设项目,在确实无法避免危害地震监测设施与观测环境的情况下,建设单位

须按照地震部门的要求增建抗干扰设施或迁建台站。甘青公司表示认同以上事实,请甘肃局尽快讨论出柳园地震台的处置方案。

(六)组织专家论证被危害台站处置方案

为台网整体布局和监测能力不受影响,尽快恢复地震台站正常监测工作,2012年11月19日,甘肃局组织相关专家研讨兰新铁路建设影响柳园地震台观测环境处置方案。与会专家组听取了甘肃局执法部门、监测预报部门、柳园地震台主管部门关于柳园地震台受兰新铁路建设工程影响的情况及甘肃局与甘青公司多次协商情况的汇报。经讨论和质询,专家组一致认为,现柳园测震台无法避开铁路的影响,需要易地迁建,应尽快开展新台址的勘选和建设工作。理由如下:

(1)柳园测震台是中国地震局"十五"重点项目——"中国数字地震观测网络工程"项目新建的甘肃省44个数字化测震台站之一。该台站位置十分关键,对甘肃西部及周边地区的地震监测起着非常重要的作用。

(2)正在建设的兰新铁路第二双线柳园段距离柳园测震台仅500米左右,远低于中华人民共和国国家标准《地震台站观测环境技术要求第1部分:测震》(GB/T19531.1—2004)"Ⅲ级(含Ⅲ级)以上铁路距离Ⅱ级环境地噪声台站(基岩)的最小距离为2.5千米之要求"。因此,该铁路建成通车后,将严重破坏柳园测震台的观测环境,使其无法正常观测。

(3)铁路对测震台站的影响主要是列车经过时产生的震动干扰,目前尚无有效的抗干扰措施,不能通过增设抗干扰设施和技术改造进行消除。

(七)签订协议,台站搬迁

甘肃局与甘青公司沟通后,得知兰新铁路沿线的拆迁工作由酒泉市国土资源局整体负责,其中涉及柳园地震台相关路段由瓜州县国土资源局具体负责。甘肃局在与瓜州县国土资源局说明情况后,递交柳园地震台观测环境受影响评估报告与柳园地震台易地迁建方案。瓜州县国土资源局在请示酒泉市国土资源局、甘肃省征地事务办公室后,同意柳园地震台迁建方案,并委托第三方工程造价咨询公司对甘肃局提供的柳园地震台易地迁建工程进行审核,并对易地迁建方案进行核算。在双方都对审核方案及核算费用认同的情况下,2014年4月甘肃局与瓜州县国土资源局签订柳园地震台易地迁建补偿协议。

四、处理结果

2014年4月,经多次协商,瓜州县国土资源局在请示酒泉市国土资源局、甘肃省征地事务办公室后,同意柳园地震台迁建方案,迁建费用由工程建设方瓜州县国土资源局承担,与甘肃局签订易地迁建补偿协议,并一次性支付迁建费用。柳园地震台根据专家组的论证方案,在次年选址迁建完毕,并完成了对比观测。

五、点评解析

本案中,经过甘肃局执法人员的沟通,兰新铁路设计在进行实地考察后,改变了原定的铁路路线设计,避免了对嘉峪关地震台、高台地震台、张掖地震台地震监测设施和观测环境造成影响,但优化路线设计后,仍无法避免对柳园地震台观测环境造成危害。本案经过执法人员在建设工程设计阶段与设计单位沟通,在向其说明地震监测预报工作的重要性,及如果要坚持按照原路线设计建设,被危害地震监测设施和观测环境的四个台站可能都要搬迁,所需费用巨大,需要建设单位承担,建设工程的成本就会大大提高。在综合权衡下,设计单位在经过实地勘察后,改变了铁路路线设计,达到了双赢的效果。

六、实务提示

通过本案,我们可以总结出在地震监测设施和观测环境保护行政执法实务中,大量的地震监测设施与观测环境保护行政执法工作是在建设工程危害地震监测设施和观测环境事实发生之前就介入的,对于执法主体和行政相对人来说,能在建设工程设计阶段就考虑并解决危害地震监测设施和观测环境因素对双方来说,其实都节约了成本和资源。但在执法实践中,在建设工程未开始施工之前,其实执法主体无法向行政相对人提供违法证据,造成很多建设单位不能理解。本案的做法就非常值得提倡,在建设工程设计阶段,邀请设计单位、建设单位的相关人员对地震台站进行现场勘验实测,理性地向行政相对人分析违法成本。

【案例三】宝兰高铁建设影响危害通渭地震台地电阻率观测环境案

一、基本情况

1. 行政执法主体

甘肃省地震局。

2. 行政相对人

通渭县住建局;兰新铁路甘青有限公司。

3. 台站概况

通渭地震台(以下简称"通渭台")始建于1971年,是国家级地震台,隶属于甘肃省地震局,业务直接主管单位为天水中心地震台。该台连续观测近50年,观测数据质量高,映震效果好,在甘东南地区的震情监视、判断和地震短临跟踪等方面发挥了非常重要的作用。该台站因建设较早且地处偏远,未在通渭县政府的土地、规划等部门备案。

4. 宝兰铁路客运专线介绍

宝兰铁路客运专线又称宝兰高铁,东起宝鸡,西至兰州,全称徐兰高速铁路宝兰段,是国家中长期铁路网规划"四纵四横"徐兰高速铁路和"八纵八横"高速铁路主通道中陆桥通道的重要组成部分,宝兰高铁是中国西北与中东部的铁路客运主通道,它的通车运营将显著提高欧亚大陆桥铁路通道运输能力,助推"一带一路"建设。宝兰高铁全长400.570千米,运营时速250千米,于2012年开工建设,设宝鸡南、天水南、定西北、兰州西等8个车站。主要承担甘肃、青海、新疆对外直通客流,兼顾沿线大中城市间的城际快速客流,是一条高标准、高密度、大能力的高速铁路。宝兰高铁通车后,兰州与西安之间的旅行时间从6个小时缩短至3个小时。宝兰高铁的通车大大缩短了西北与东、中部地区的时空距离,从而进一步优化了快速铁路网络,极大程度上解决西北地区陆桥通道运输能力问题,形成一条新的钢铁"丝绸之路"快速通道。

5.执法事由

宝兰高铁通渭段工程建设及运行危害通渭地震台地电观测环境。

二、案情介绍

宝兰高铁于2012年10月19日正式开工,2017年7月9日全线建成通车,该项目工程建设由兰新铁路甘青有限公司(以下简称"甘青公司")负责,铁路相关拆迁工作由通渭县住建局负责。

2012年4月8日,通渭县政府向通渭地震台发函,称即将开工的宝兰高铁路线设计可能会影响通渭地震台正常工作。同时,通渭县住建局向通渭地震台发放统一制定的《房屋征收补偿安置协议书》,要求填报确认。甘肃省地震局(以下简称"甘肃局")根据通渭住建局提供的宝兰高铁规划设计路线,对宝兰高铁沿线经过的地震台位置做了现场勘验,经查明,发现宝兰高铁通渭段工程距离通渭地震台地电阻率观测系统东西道中心点约600米,距离南向测道中心点800米左右,远低于中华人民共和国国家标准《地震台站观测环境技术要求》(GB/T19531.1—19531.4—2004)(以下简称《国家标准》)第二部分第五条第二款"铁路运输轨道与地电阻率观测的任意一个测向中心点距离不小于5千米。"的规定。2013年6月5日,甘肃局向宝兰高铁建设单位甘青公司致函,要求其设计、施工不能危害通渭地震台地电观测环境。甘青公司称无法避开通渭台地电观测环境保护区域,要求甘肃局拿出解决方案。2013年11

月,甘肃局组织专家进行了研讨,专家一致认为:从通渭县周边地区选新址的困难程度和甘肃省地电台网布局等方面综合考虑,易地迁建难度大,提出了在原址进行深井改造的方案。经与甘青公司及相关部门(单位)沟通后,同意通渭地震台原址深井改造方案,全部建设费用由建设单位甘青公司承担,费用由负责拆迁的通渭县住建局支付。2016年6月1日,甘肃局与宝兰高铁专线拆迁工作负责方通渭县住建局签订协议。

三、办案过程

(一)发现违法可能性

2012年4月,通渭地震台负责人向甘肃局监测中心汇报,称即将开工的宝兰高铁可能会影响通渭地电台的观测环境,并称2012年4月8日,通渭县政府向地震台发函,告知宝兰高铁路线设计可能会影响通渭地震台地震观测工作。通渭地震台已收到通渭住建局发放的统一制定的《房屋征收补偿安置协议书》。接到汇报后,甘肃局监测中心负责人迅速向分管局长作了汇报,时任分管局长十分重视,作出批示"请监测预报处会同监测中心、执法总队,对观测环境受影响事宜进行调查,在现场调查的基础上,提出避免对观测环境影响的抗干扰办法"。

(二)调查取证,确认违法可能性

接到分管局长指令后,甘肃局监测预报处会同监测中心、执法总队根据通渭住建局提供的规划设计路线,对宝兰高铁沿线经过的地震台位置做了认真地测量及现场勘验,发现宝兰高铁通渭工程距离通渭地震台地电阻率观测系统东西道中心点约600米,距离南向测道中心点约800米,远低于中华人民共和国国家标准《地震台站观测环境技术要求》(GB/T19531.1—19531.4—2004)(以下简称《国家标准》)第二部分第五条第二款"铁路运输轨道与地电阻率观测的任意一个测向中心点距离≥5千米。"的规定。现场勘验后,甘肃局执法总队制作现场勘验报告1份,并向局领导汇报,说明根据《中华人民共和国防震减灾法》第二十三条、二十四条及《地震监测管理条例》《甘肃省防震减灾条例》《甘肃省地震监测设施和观测环境保护规定》等法律法规之相关规定,该铁路建设存在违法可能性。

(三)与行政相对人沟通,要求尽快解决

此后,甘肃局执法总队多次与甘肃省政府重大项目办、通渭县住建局等单位沟通,得知宝兰高铁通渭段的建设单位为兰新铁路甘青有限公司(以下简称"甘青公司"),几经辗转,与该公司相关负责人取得联系。2013年6月5日,省局向甘青公司致函,说明根据相关法律、法规、规章及国家标准,宝兰高铁现行路线设计存在对通渭地震台观测环境造成严重危害的可能性,按原路线施工将违反《中华人民共和国防震减灾法》《地震监测管理条例》及《甘肃省防震减灾条例》等相关法律规定。为最大限度地减轻通渭地震台停测给该区域范围内的地震监测预报带来的影响,确保人民生命财产安全,甘肃局要求甘青公司尽快协调解决。行政相对人甘青公司收到甘肃局函件后,向甘肃局说明宝兰客专沿线拆迁工作由通渭县国土资源局负责,要求甘肃局向其致函,说明情况,以方便之后的多方协调工作。同月25日,甘肃局向通渭县国土资源局致函,说明情况。

(四)责令相对人停止违法,采取补救措施

宝兰高铁属于《中华人民共和国防震减灾法》第二十四条中所

称的"国家重点工程",按照本条规定,"建设国家重点工程,确实无法避免对地震监测设施和地震观测环境造成危害的,建设单位应当按照县级以上地方人民政府负责管理地震工作的部门或者机构的要求,增建抗干扰设施;不能增建抗干扰设施的,应当新建地震监测设施。"按照以上法律规定,甘肃局无法要求其停止施工。

为有效推进进一步与宝兰高铁建设单位及相关协调单位协商处理相关事宜,2013年11月,甘肃局组织专家进行了研讨,讨论宝兰高铁建设及通车后,选择最经济、有效地降低通渭地电阻率观测环境的建设方案。经专业测评及专家论证后,专家一致认为:从通渭县周边地区选新址的困难程度和甘肃省地电台网布局等方面综合考虑,易地迁建难度大,提出了采用在原址进行深井改造的方案。2014年4月,甘肃局执法总队与甘青公司负责人沟通面谈,在向其解释说明地电阻率技术问题的基础上,甘肃局向甘青公司致函,说明以上情况,并附有通渭地震台原址深井改造工程大概预算表及改造费。

甘青公司接函未回复甘肃局,甘肃局执法总队主动寻找到省政府重大项目建设管理办公室(以下简称"省重大项目办",)要求其与甘青公司沟通。省重大项目办于2014年12月29日向甘肃局复函,否认未发生事实,表示待宝兰高铁建成通车后,进行一定周期的观测,才能认定是否对通渭地震台观测环境造成破坏,进而确定赔偿事宜。谈判进入瓶颈期,举步维艰。

(五)多次向行政相对人解释,对方认同将危害事实

2015年初,甘肃局执法总队又多次与省重大项目办、甘肃省征地事务办公室、甘肃省建设厅、甘青公司等相关部门沟通,邀请地电阻率专家向相关人士解释地电台的工作原理及原址深井改造方

案。经过多方共同的不懈努力，行政相对人终于认识到地震监测环境对于地震监测预报的重要性，认同宝兰高铁建设及通车运行将危害通渭地震台地震观测环境的事实。

(六)与行政相对人商谈改造方案

2015年9月8日，甘肃局省政府重大项目办、省征地事务办公室、省建设厅及甘青公司同时致函，说明了宝兰高铁建设及运行将危害通渭地电台观测环境的事实，宝兰高铁属于国家重点项目，在确实无法避免危害的情况下，甘肃局采用在原址进行深井改造的技术处置方案，建设全部费用由宝兰高铁建设单位承担，并附通渭地震台地电阻率深井改造工程方案及预算费用。

2015年9月24日，省征地事务办公室向省重大项目办发函，认同宝兰高铁建设及运行后严重破坏通渭地电台地电阻率观测环境事实，称原则上同意甘肃局提出的对原址进行深井改造技术处置方案，但省重大项目办要委托第三方对甘肃局递交的通渭地震台地电阻率深井改造项目工程方案及预算费用进行审核，将第三方的审价结果作为最终补偿依据，并将补偿费用及第三方审价中介费纳入宝兰高铁项目征地拆迁补偿资金中。省重大项目办于10月15日向甘肃局复函，称同意省征地办提出的解决方案。

(七)行政相对人委托第三方审核地震台技术改造方案及费用

同年11月中旬，省重大项目办委托第三方某建设工程造价咨询公司对甘肃局通渭地震台地电阻率深井改造项目工程方案及预算费用进行审核，11月20日，省征地办、第三方工程造价咨询公司、甘肃局监测预报处及执法总队联合通渭地震台，第三方工程造价咨询公司相关技术人员对通渭地电台相关设施进行了现场勘验，甘肃局特聘请测震方面权威专家从技术上向第三方工程造价咨询有限公司的相关人员解释技术问题。经现场勘验、工程测算评估后出具审核报告,审核确定了通渭地电台原址深井改造费用。报告提交后,双方表示同意。

(八)双方签订协议

2016年6月1日,甘肃局与宝兰高铁专线拆迁工作负责方通渭县住建局签订协议,协议中认同宝兰高铁建设及运行将严重危害通渭地震台地电阻率观测事实,双方约定通渭地震台采用原址深井改造处置方案及费用。改造费用由通渭县国土局进行拨付,甘肃局收到费用后及时开展通渭地震台深井改造工程,专款专用,超支部分自行承担。双方签订协议后,甘肃局执法总队多次与资金履行方通渭县国土局联系,因对方领导班子调整,多次协调,协议最终于2018年7月执行完毕。甘肃局收到资金后,迅速筹划开展通渭地震台深井改造工程,目前已改造完毕,通渭地震台能正常开展地震监测工作。

四、处理结果

甘肃局经与行政相对人甘青公司多次协商,在双方征求甘肃省征地事务办公室、省建设厅意见,由第三方对甘肃局提出的原址深井改造工程方案及费用预算进行审核,并另请一方专业公司对通渭地震台地电阻率深井改造项目工程预算书复核后,确定建设费用数额。在双方对通渭地震台改造方案及费用均认同的情况下,2016年甘肃局与通渭县住建设局签订协议,并一次性支付了相关费用。

五、点评解析

本案中,宝兰铁路客运专线建设存在违法可能性,该铁路建设属于国家重点工程。

国家重点工程建设因任何原因受到影响都会对国家和社会产生不利影响。因此,在建设国家重点工程时,确实无法避免对地震监测和观测环境造成影响的情况下,可以允许采取相应的补救措施。本案中对通渭地电台观测环境的影响涉及多方协调,其中建设单位是甘青公司,协调、管理部门(单位)为省政府重大项目办、省政府征迁办、通渭县城市与建设管理局、国土资源局等。甘肃局采取事先沟通的方式,在相对人未造成违法事实的情况下主动与其沟通,虽然沟通及谈判过程艰辛,但最终双方以补偿协议的形式圆满解决。在违法事实形成之前就谈判解决,有以下好处:第一,事先预防,节约司法成本。第二,及时恢复地震观测环境,从维护全省地震台站布局出发,将国家重点工程建设给地震观测环境带来的负面影响降到最小。第三,推动研发抗干扰技术和设施,保障地震监测预报正常运行,积极支持国家、地方经济发展。

六、实务提示

通过本案,我们可以总结出在地震监测设施和观测环境保护行政执法实务中,要注意以下几点:

(一)加强宣传,增强全社会保护地震监测设施和观测环境意识

台站作为地震监测设施和观测环境保护的第一窗口,要注意做好宣传工作,主要从以下几方面着手:第一,设立明显的标志牌。在地震监测设施和观测环境保护范围周边设立标志牌,标明保护范围,并将有关地下设施所在位置书面通知有关单位。第二,及时在相关部门备案。第三,经常开展宣传教育工作。通过开展各种公共活动,让公众知道地震监测设施、观测环境保护的重要性及保护范围,尤其是地震监测点周围的居民和单位。第四,积极与周边居民和单位沟通,将可能发生破坏地震监测设施、观测环境的情况消灭在最初状态中,节约执法成本。

(二)注重执法程序,提高依法行政能力

在现实工作中,地震监测设施和观测环境保护的行政执法多采用柔性执法方式,在此过程中,谈判是个非常漫长和艰辛的过程,为保证合法执法、合理执法,应从以下几个方面进行提高:

1.确定适格的行政相对人

行政相对人是被管理的一方,与行政主体相对。《防震减灾法》第二十三条中规定:"任何单位和个人不得破坏监测设施和观测环境",比较笼统。从甘肃省地震局的执法案例来看,行政相对人主要有以下几类:第一,国家重点建设工程业主,如本案中宝兰铁路客运专线的业主方为甘青公司。第二,地方政府重点工程或带有政府计划性质的一般建设工程,如某职业学院建设影响甘肃省武威地震台观测环境案。第三,企业业主或村委会、个人,如某农民建设蔬菜大棚破坏甘肃省古浪地震台监测设施案。

2.注意证据的收集、保存,积极做好地震专业论证工作

地震监测设施和观测环境的保护专业性非常强,为避免执法受阻,相关地震工作人员在观测环境受破坏之前,执法人员应注意书证、物证、视听材料、鉴定结论、勘验笔录等证据的收集与保存。

地震监测预报人员应该按照有关公式进行计算,并书面说明观测环境受到影响的因素,以便得到相对人的认同。在观测环境受到破坏后,应密切关注观测数据的变化,注意保护该数据变化的测值范围,为执法提供合法、合理证据。

3.注意执法程序

第一,严把执法资格,规范执法人员行为规范。建议为台站配备1~2名有行政执法资格的执法工作人员,以便在监测设施、观测环境受到破坏时,及时执法。建议执法人员在进行现场勘验时应两人以上同时进行,并有对方人员在场,注意对现场进行拍照记录,并制作勘验笔录,让对方签署。这样保证执法的合法化、合理化。

第二,严格按照执法程序执法,严格落实文字、音像、图片等执法全过程记录制度。

第三,规范法律文书。建议局(所)建立统一的执法相关文书,如违法行为通知书、现场勘验笔录等,严格按照相关法律法规执行送达、签收等程序。

(三)严格规范、公正执法、文明执法

积极开展学习、培训,规范执法流程,提高执法人员的专业素质。积极做好行政执法公示、监督工作。完善执法案卷评查,做到"一案一卷"。及时做好案卷的归档管理工作,并完善执法台账,确保执法的各个环节都有据可查。

第二节 铁路建设危害地震监测设施与观测环境行政执法要点解析

一、铁路建设危害地震监测设施和观测环境执法要点总结

(一)铁路建设影响地震观测环境的违法证据收集

本章三个案例,铁路建设影响地电阻率、地电场、地磁、测震等测项,铁路距离地震台站的距离均不满足《地震台站观测环境技术要求》(GB/T19531.1—19531.4—2004)之要求。但《地震国家标准》不属于正式的法律渊源,不能作为行政执法中判断行政相对人是否违法的法律依据,只能在裁判时作为一种法律事实援引。《中华人民共和国防震减灾法》《地震监测管理条例》《甘肃省防震减灾条例》《甘肃省地震监测设施和地震观测环境保护规定》作为正式的法律渊源可以作为执法裁判的法律依据,但要注意在执法过程中注意根据铁路建设的进度注意收集地电、地磁、测震等测项的数据变化及曲线变化图,统计对比后作为铁路建设影响地震观测环境的违法证据。

(二)执法工作需要在铁路规划阶段介入

铁路建设是民生工程,防震减灾也是保障人民生命和财产安全的公益事业,二者目的并不冲突,所以本着节约社会资源,更好地为人民服务的出发点,地震行政执法应当在铁路规划阶段及早介入。本章案例二中兰新铁路原路线设计施工路线可能会影响柳园台、嘉峪关台、高台台、张掖台四个地震台的观测环境,且会影响测震、地电阻率、地电场三种测项。经甘肃省地震局与设计方沟通,优化设计路线后,避免了对嘉峪关台、高台台、张掖台的影响,对柳园地震台选择了迁建方案。案例一中原兰渝铁路设计施工路线可能对甘肃省19个地震台造成影响,经甘肃省地震局与设计方沟通,优化设计路线后,陇南中心地震台选择了迁建方案。执法主体和执法人员在铁路规划阶段介入,大大节约了社会资源,降低了执法成本。

(三)柔性行政执法方式结案

铁路建设危害地震监测设施和观测环境的行政执法案件,在甘肃省地震局行政执法的处理实践中,大多是经过与相关政府部门、铁路涉及部门、铁路建设部门、铁路运营部门沟通协调后,保证铁路建设对地震建设设施和观测环境保护造成的危害程度最小,按照《中华人民共和国防震减灾法》第二十三条、二十四条之规定,铁路建设优化设计方案后,对于确实无法避免对地震监测设施和观测环境造成危害的,地震台站根据实际情况选择增设监测设施和整体迁建,建设费用由铁路建设方承担,双方最终以行政补偿合同的柔性行政执法方式结案。

二、目前此类执法存在的问题

(一)执法历程过长

本章中3个案例都存在着执法历程过长的问题,事实上铁路建设危害地震监测设施和观测环境的行政执法案件处理起来也非常不容易。按照《中华人民共和国铁路法》第三十六条第二款有关地方人民政府应当支持铁路建设,协助铁路运输企业做好铁路建设征收土地工作和拆迁安置工作。铁路建设一般涉及沿线地区政府的多个部门,如交通部门、住建部门、自然资源部门、民政部门(根据2018年机构改革情况调整相关部门名称)等。地震行政执法主体及执法人员在处理此类案件时,要与以上可能涉及到的部门进行沟通,且铁路建设从设计、施工到建成运营本身就是一个漫长的过程。这个过程对可能造成停测或严重影响观测数据质量的问题非常严重。

(二)政府层面不够重视

铁路建设对沿线经济、社会发展带来的正向效益是比较直观的、可快速实现的,所以在处理此类案件时,地震行政执法主体和执法人员与政府相关部门沟通协调时,得不到重视的现象时有发生。

(三)执法主动性欠缺

本章三个案例中,只有案例一中地震行政执法主体提前了解到铁路建设动向,并主动根据铁路设计图对沿线地震台站进行排查,对地震监测设施和观测环境被危害情况进行统计,做到了主动执法。案例三、案例四均是由行政相对人主动找到行政执法主体沟通,才开始执法协调。执法主动性有待提高,地震部门的自主保护意识还不够,防震减灾及防震减灾法治宣传还远远不到位。

三、相关执法工作建议

(一)完善地震台站备案制度

《地震监测管理条例》第三十条及《甘肃省防震减灾条例》第十六条均要求县级以上地震工作主管部门应当将地震监测设施分布地点及地震观测环境保护范围报告当地人民政府并通报同级自然资源、住建、公安(根据2018年机构改革情况调整相关部门名称)等部门备案。地震部门的备案行为是宣示地震监测台站所有权、管理权的行为,是地震行政执法的基础。防震减灾事业发展至今日,地震台站的数量、密度都大大增加,地震监测设施和观测环境保护任务也越来越重。建议地震部门在推动防震减灾科技发展的同时,优化管理职能,及时完善、更新地震台站备案。

(二)开展地震台站巡检制度

从本章执法案例中我们可以看出,在开展铁路建设影响地震监测设施和观测环境保护行政执法工作时,开展工作的时机非常重要。在铁路规划设计阶段介入,主动与铁路设计方沟通,不仅可以节约社会资源,对地震监测设施和观测环境造成的危害程度相对来说也是最小的。所以作者建议,地震台站可以开展巡检制度,即由地震行政执法人员专岗专责,与地震台站当地政府及交通部门、住建部门、自然资源部门形成互通联动机制,及时掌握当地规划建设动向,在第一时间了解并解决地震监测设施和观测环境被危害问题。

(三)梳理执法机制,层层压实责任

执法机制决定着执法效率和执法质量。执法不主动、效率不高、质量不佳与执法机制不健全有关系。健全的执法机制包括合法合理的执法流程、内部责任分工和外部监督机制。建议地震部门明确省、市、县地震部门在地震监测设施和观测环境的管理责任,梳理、细化工作流程,加强对地方的指导和监督检查,加大地震监测设施和观测环境保护在各地考核评分中的权重,确保责任到岗、责任到人。

四、相关法律依据

铁路建设危害地震监测设施和观测环境保护行政执法法律依据有：

(1)《中华人民共和国防震减灾法》第二十三条、二十四条、八十四条、八十五条。

(2)《地震监测管理条例》第二十五条至三十三条、三十六条、三十七条。

(3)《甘肃省防震减灾条例》第十六条至十八条。

(4)《甘肃省地震监测设施和观测环境保护规定》全文。

(5)《中华人民共和国铁路法》第三十一条。

(6)《铁路建设管理办法》第十一条、十三条。

(7)《地震台站观测环境技术要求(GB/T1953.1—2004)》。

(8)其他法律法规。

第十章　国家电网建设危害地震监测设施和观测环境行政执法典型案例评析

【案例一】330千伏武都输变电站建设危害汉王地震台地电、地磁观测环境案

一、基本情况

1.行政执法主体

甘肃省地震局。

2.行政相对人

甘肃省电力公司。

3.台站概况

汉王地震台直接管理单位为陇南中心台（现称陇南中心站），隶属于甘肃省地震局。该台始建于1966年，地处陇南市武都县汉王镇仓园村，占地面积约为5601平方米，是陇南市内仅有的国家级专业地震台，目前有地电阻率、地电场、地震电磁、地磁和测震等观测项目。该台是现代化地电综合观测台，与省内其他地震台联网观测，承担着陇南、天水等城市及甘青川交界地区震情的监测任务，至今已积累了长达35年的连续观测资料，为我省和边邻地区的地震监测和地震预报做出了突出贡献。特别值得一提的是，该台

地电阻率测项曾完整地记录到1976年8月16日的松潘、平武7.2级地震前的异常信息,此异常信息被作为中国地震观测的经典震例而载入史册。

4.执法事由

330千伏武都输变电站建设危害汉王地震台地电、地磁观测环境。

二、案情介绍

330千伏武都输变电工程是兰渝高铁配套供电工程和白龙江流域水电开发电力送出的配套工程,建设单位为甘肃省电力公司(以下简称电力公司),工程建设规模为:2台24万千伏主变;新建武都变—天水变1回330千伏输电线路,长度约164千米。其中影响汉王地震台观测环境的是330千伏武都变电站(以下简称变电站),该变电站位于距武都市约8千米的302国道(武都—文县段)公路南侧,武都市园艺场院内,项目开工日期为2008年11月1日,2012年年底全面竣工投入使用。变电站站址以东为武都卫校,以西为规划用地。汉王地震观测台位于变电站以东武都卫校的东侧,台站中心点距变电站约600米。

2007年8月中旬,陇南中心地震台在得知甘肃省电力公司正在规划设计330千伏武都变电站建设,其场址可能危害汉王地震台监测设施和观测环境保护范围后,第一时间向甘肃局有关部门作了汇报。甘肃局听取相关情况后,立即向电力公司致函,要求电力公司在设计变电站时,避开对汉王地震台地电、地磁观测的干扰影响,以确保汉王地震台地震监测设施及观测环境不被干扰和破坏,使汉王地震台的地震监测设施发挥应有的效能,为当地社会经济发展和人民生命财产安全提供安全保障。电力公司无回复。2007

年10月30日,变电站开工在即,甘肃局再次致函要求在妥善处理好变电站对汉王地震台观测环境危害之前,禁止开工。期间,甘肃局执法人员与电力公司相关人员多次协调,意见分歧很大,电力公司称变电站并未对汉王地震台造成任何影响。2007年11月,变电站项目开工建设。项目开工后,汉王地震台地电、地磁测项受到严重干扰,甘肃局再次与电力公司沟通。电力公司表示会组织专家论证,优化设计方案。2007年12月20日,电力公司向甘肃局送急函,称其已委托中国电力科学研究院、甘肃省电力设计院进行研究计算论证,并对变电站总平面布置方式、配套线路的出线规模、出线方向和线路走廊进行了紧凑型优化调整,调整后的变电站不会对汉王地震台观测环境造成影响。甘肃局迅速组织相关地电、地磁专家进行论证,专家论证结果与电力公司委托的专家论证结果不一致。在变电站开工已对汉王地震台地电、地磁观测环境造成危害事实的情况下,电力公司再次论证无影响显然不妥。经多次沟通,电力公司认同危害事实,并同意甘肃局提出对汉王地震台增设抗干扰设施的方案,建设费用由电力公司承担,并指定该笔费用从变电站拆迁费用中支出,具体由天水超高压公司承担。最终甘肃局与天水超高压公司签订协议,约定汉王地震台增设抗干扰设施由建设单位电力公司承担。

三、办案过程

(一)发现违法可能性,主动联系行政相对人

2007年8月中旬,汉王地震台直接主管单位陇南中心地震台在得知甘肃省电力公司正在规划设计330千伏武都变电站建设场址可能危害汉王地震台监测设施和观测环境保护范围后,第一时

间向甘肃局有关部门做了汇报。甘肃局要求陇南中心地震台密切关注项目建设情况,及时汇报进展状况。与此同时,甘肃局组织执法部门、监测预报主管部门及业务部门召开了专题会议,讨论下一步处理方案,会议决定主动联系变电站建设单位。甘肃局2007年8月15日向甘肃省电力公司发函,要求其在建设武都330千伏变电站时,须按照中华人民共和国《地震台站观测环境技术要求》(GB/T19531.1—19531.4—2004)的相关要求,避开汉王地震台地电、地磁观测环境保护范围,确保汉王地震台地震监测设施发挥应有的效能,为当地社会经济发展和人民生命财产安全提供安全保障。

(二)邀请行政相对人现场勘查

2007年8月至10月,甘肃局执法人员多次主动与行政相对人电力公司相关人员沟通,希望电力公司在变电站规划设计阶段考虑避免危害汉王地震台地电、地磁观测环境,主动邀请电力公司相关管理人员、技术人员至汉王地震台观摩,并根据电力公司现有设计方案对变电站距离汉王地震台地电、地磁监测设施的直线距离进行现场勘验、测量。甘肃省电力公司始终不认同变电站将对汉王地震台地电、地磁观测环境造成危害,在双方意见分歧非常大的情况下,甘肃局再次发函并强调:电力公司在该问题未彻底解决之前,不宜开工变电站,双方应积极沟通磋商。并要求电力公司从甘肃省防震减灾事业发展和保护人民群众生命财产安全的高度出发,依照《中华人民共和国防震减灾法》和国务院颁布的《地震监测管理条例》以及《甘肃省防震减灾条例》《甘肃省地震监测设施和地震观测环境保护规定》等法律法规的相关规定,积极协商、妥善解决汉王地震观测台地震观测环境的保护问题。

(三)协商意见不一致,建设单位坚持开工

在双方未就变电站建设危害汉王地震台地电、电磁观测环境处置方案达成一致意见的情况下,电力公司单方面确定于2007年11月启动330千伏变电站的项目建设。开工建设后,汉王地震台地电、电磁测项发生明显变化,随着变电站项目施工建设的推进,汉王地震台彻底停测。因汉王地震台是地电综合观测台,与省内其他地震台联网观测,承担着陇南、天水等城市及甘青川交界地区震情的监测任务,停测带来的后果非常严重。

(四)责令停止违法,商谈处理方案

变电站项目开工建设后,造成汉王地震台地电、地磁停测。甘肃局发函至电力公司,责令其停止违法行为。电力公司接函后,停工并表示将请中国电力科学研究院、甘肃省电力设计院进行研究计算,并对变电站总平面布置方式及配套线路的出线规模、出线方向和线路走廊进行了紧凑型优化调整,以避免对汉王地震台地电、电磁观测环境造成影响。

(五)双方委托专家组论证结果不一致

2007年12月20日,电力公司向甘肃局送达紧急文件,称其已委托中国电力科学研究院、甘肃省电力设计院进行研究计算论证,依据《地震台站观测环境技术要求》中的相关规定对工程可能引起影响的各种工况进行了分析、研究和理论计算,得出以下结论:①变电站入地电流在土壤表面的电位分布对地电场和地电阻率观测准确程度起关键影响作用,输电线路及变电站带电设备所带电荷在地表面产生的电场对地震台观测的影响很小,满足《地震台站观测环境技术要求》的相关要求。②当土壤电阻率为35.5欧姆·米,入地电流为42安培时,入地电流在地电场观测电极间产生的工频

电场强度及工频骚扰电压均满足《地震台站观测环境技术要求》的限值要求。电力公司称变电站建设关乎兰渝电气化铁路、地区水电开发工程建设,进度要求紧,希望甘肃局对其提供的专项研究报告、初步结论及基础数据做进一步的核实评估,并希望甘肃局尽快同意变电站选址位置。

  甘肃局接到电力公司函后,迅速组织地电、地磁及电力相关专家,对电力公司提供的专项研究报告、初步结论及基础数据进行论证,论证结果与电力公司委托专家论证的结果不一致,与会专家一致认为该报告中存在以下不妥之处:①电力公司的研究报告仅从理论上分析了变电站及配套线路运行时对汉王地磁观测可能产生的电磁干扰,但理论计算结果只能作为参考依据,不能作为唯一的评估依据。②从地震监测技术层面来看,电力公司的研究报告存在以下问题:第一,该报告仅根据理想均匀介质模型计算了变电站及配套设施对汉王电磁观测的影响程度(即引用了真电阻率计算),实际上地下介质是非均匀的,应该用视电阻率方法计算。第二,该报告是依据中性点电流为42安培计算的,依据的标准或规定无从考证。第三,该报告中关于变电站带电设备引起电场强度的计算,其公式需斟酌。第四,从该报告的结论来看,目前还无法估计变电站和配套电器设备正式运行后产生的非工频成分对汉王电磁观测的影响幅度。③从当时全国近300多个地震电、磁台站观测环境看,还没有像变电站距离汉王电磁观测台如此近的距离,因此,对汉王地震台正常观测造成的影响非常大。综上,甘肃局委托的专家组认为电力公司提供的研究报告与实际不符,初步结论与变电站建成后对汉王地震观测站的实际影响将会有极大的差异,如果对方按现有方案建设变电站,极有可能导致汉王地震观测站观测环境恶化,造成地震信息虚假异常。

(六)函告行政相对人,要求增建抗干扰设施

2007年底甘肃局函告行政相对人电力公司,说明经地电、电磁及相关电力专家论证其提供的专家论证报告与地震监测工作实际不符,变电站对汉王地震台地电、电磁观测环境造成的危害无法避免,因变电站建设为国家重点项目,在对变电站总平面布置方式及配套线路的出线规模、出线方向和线路走廊进行了紧凑型优化的情况下,同意变电站建设,但要对汉王地震台进行增加抗干扰设施改造,改造费用按照相关法律法规,由变电站建设单位电力公司全部承担。

(七)收集违法证据,行政相对人认同违法事实

甘肃局在2007年12月底至2008年10月中旬电力公司施工建设变电站期间,持续对汉王地震台地电、地磁测项进行跟踪对比监测,监测结果对比出变电站施工前与施工期间的明显变化,足以证明变电站建设危害汉王地震台地电、地磁观测环境。据此,甘肃局再次向电力公司致函,要求其停止建设。电力公司此时终于认同了变电站危害汉王地震台地电、地磁观测环境事实,并表示停止变电站建设将会影响兰渝铁路运行,使国家遭受重大损失,要求甘肃局尽快提出增加抗干扰设施方案及经费预算。

(八)协议签订与执行

2008年10月中下旬,甘肃局组织监测预报处、监测中心、西部强震预测研究室等相关部门和单位,经过充分论证后,确定了汉王地震台地电、地磁测项增加抗干扰设施方案,并委托第三方建设工程造价公司根据方案要求进行经费预算。甘肃局向电力公司递交方案及经费预算后,电力公司表示无异议。因变电站建设项目具

体拆迁款项由甘肃省电力公司下属的天水超高压公司具体负责，2008年10月底，甘肃局与其签订协议，约定汉王地震台增建抗干扰设施相关费用由天水超高压公司全部承担，第一笔费用合同签订即支付，第二、三笔费用待增建抗干扰设施工程竣工，完成对比观测后支付。甘肃局在全部完成增建抗干扰设施工程后，多方了解后得知原甘肃省电力公司天水超高压输变电公司已变更为甘肃省电力检修公司天水检修分公司，原内设机构已经撤销，与甘肃局签订协议的内设机构及相关负责人均已变更，剩余合同款支付遇到困境。经甘肃局执法人员多次与变更后的甘肃省电力检修公司天水检修分公司沟通，2013年9月，全部合同款支付完毕。

四、处理结果

甘肃省地震局与负责变电站建设拆迁工作的天水超高压公司就变电站建设危害汉王地震台地电、地磁观测环境相关事宜以签订合同的方式解决。合同约定，甘肃省地震局采用增建抗干扰设施的方式减少变电站对汉王地震台地电、地磁观测环境的影响，全部建设费用由变电站建设单位甘肃省电力公司承担，甘肃省电力公司指定该笔费用从变电站拆迁费用中支出，由天水超高压公司支付。后天水超高压公司变更注册，后期费用几经周折，最终全部支付。

五、点评解析

本案的办案难点在于甘肃省电力公司委托的专家论证结果与甘肃局委托的专家论证的结果不一致。专家论证结果的焦点在对变电站总平面布置方式及配套线路的出线规模、出线方向和线路走廊进行了紧凑型优化的情况下，是否会对汉王地震台地电、地磁观测环境造成危害。建设单位电力公司委托的电力学方面的专家,从理论上做了计算和论证,证明经优化后的变电站各项指标在国家标准《地震台站观测环境技术要求(GB/T19531.1—19531.4—2004)》中地电、地磁观测环境相关限值要求。甘肃局委托的地电、地磁方面的专家则从地震监测实践中证明变电站在建设场址不变的情况下,虽经过了优化,但无法避免对汉王地震台地电、地磁观测环境造成危害。在双方意见不一致的情况下,只有等相关证据出现,即甘肃局持续收集变电站建设对汉王地震台地电、地磁测项数据变化的证据,并将证据递交行政相对人电力公司的情况下,行政相对人才认同危害事实,并承担增建抗干扰设施的全部费用。在此情况下,实际上延长了执法历程,如果双方协商一致,委托的专家组中既有电力学专业,也有地震学专家,在论证的过程中能相互进行专业解释,可能就能尽快促进意见一致。

六、实务提示

通过本案,我们可以总结出在地震监测设施和观测环境保护行政执法实务中,要注意以下几点:

第一,对地震观测环境保护的行政执法多是在危害事实还未出现的情况下,执法工作就开始了,这就会出现无法向行政相对人提供违法证据的困境。此时,如果行政相对人能认同即将发生危害地震观测环境的情况,执法工作会推进得比较顺利,但如果像本案中,行政相对人在违法事实未发生的情况下,不认同相关事实,执法工作在工程设计阶段完成就会比较困难。这种情况下,执法工作人员可以考虑用相似案例对行政相对人进行讲解,尽量赢取行政相对人的理解,最好在工程设计阶段就改变场址或建设方案,避免危害地震观测环境。

第二,为避免双方专家论证意见不一致,执法部门可以在建设工程设计阶段就委托地震学专家对建设工程将对地震监测设施和观测环境造成危害的情况进行论证,最好也邀请行政相对人方认同的与建设工程相关的专家一起参加,这样一方面能在论证会现场双方专家相互从各自专业的角度进行解释,方便相互理解;另一方面如果在建设工程设计阶段就赢得行政相对人的认同,能改变建设工程设计方案避免危害地震监测设施和观测环境,其实对双方来说都节约了成本和资源。

第十一章　多方行政相对人危害地震监测设施和观测环境保护行政执法典型案例评析

【案例一】天水林学院等行政相对人危害天水地电台监测设施和观测环境案

一、基本情况

1. 行政执法主体

甘肃省地震局。

2. 行政相对人

甘肃林业职业技术学院、森林武警总队麦积大队、甘泉物流园。

3. 台站概况

天水中心地震台地电台始建于1970年,为国家基本台,隶属甘肃省地震局,直接管理单位为天水中心地震台(现称天水中心站)。该台位于天水市麦积区马跑泉镇崖湾村(甘肃林业职业技术学院院内),占地533平方米,海拔1150米,年平均湿度约63%,年平均温度约18摄氏度。该台地处秦岭—昆仑纬向构造带中段以北,渭河断裂带南缘。该台是国家级和省级地震台网组成部分,承担中国中西部,特别是甘东南和天水市地震监测的任务,映震效果好。该台在天水麦积区国土资源局、城建规划局、住建局均备案。

4. 执法事由

甘肃林业职业技术学院(以下简称林学院)、天水森林武警总队麦积大队、甘泉物流中心建设危害天水地电台监测设施和观测环境。

二、案情介绍

2007年初,天水地电台管理单位天水中心地震台获悉林学院即将扩建的两栋公寓楼在天水地电台观测环境保护范围内,将严重影响天水地电台观测质量。天水中心地震台在第一时间报告甘肃局,并与林学院交涉,要求林学院提供扩建规划图。林学院提供规划图后,天水中心地震台技术人员根据规划图对其建设对天水地电台的危害做了评估并报告甘肃局。2008年4月,林学院就其扩建一事征求甘肃局意见,甘肃局要求林学院规划建设应避免危害地震监测设施和观测环境,如确实无法避免,天水地电台可整体迁建,但费用巨大,迁建全部费用由林学院承担。2008年8月,林学院扩建项目开工,天水地电台3根电缆杆被破坏,地电测项也受到严重影响,甘肃局向林学院发函责令其停止违法行为,恢复原状或采取补救措施。林学院接函后,并未停工。甘肃局发函至天水市政府,说明林学院扩建危害天水地电台监测设施和观测环境事实,双方并未达成一致意见,请天水市政府给予协调,并责令林学院停止违法行为。在甘肃局、天水市政府、林学院三方进行协调的过程中,进行了现场勘验,并查阅了林学院在规划局的备案。甘肃局在天水市规划局查阅天水林学院相关规划资料时发现,根据规划图即将建设的天水森林武警总队麦积大队、甘泉物流中心也在天水地电台观测环境保护范围内,也可能对天水地电台造成严重影响。甘肃局在协调林学院的同时,向天水森林武警总队麦积大队、甘泉物流中心同时发函,要求其规划建设避免危害天水地电台监测设施和观测环境。天水市政府表示,林学院扩建项目、天水森林武警总队麦积大队建设项目、甘泉物流中心建设项目都事关天水市经济发展与社会安全,天水地区为地震重点监视区域,天水地电台也非常重要,在兼顾当地经济发展与地震监测工作的情况下,建议天水地电台搬迁,搬迁费用由以上三家根据其对天水地电台的影响程度分摊。林学院、天水森林武警总队麦积大队、甘泉物流中心对以上方案均认同,请甘肃局拿出处理方案及建设费用分配方案。甘肃局委托地电专家对天水地电台勘测计算,结论是在天水地区要找一个适宜的地电监测环境非常不容易,需要考虑多方面因素,建议采用原址增建抗干扰设施,具体采用原址深埋设施。甘肃局委托建设工程造价咨询公司对原址增建抗干扰设施进行了工程费用预算,加上增设抗干扰设施的费用,整体计算好后,根据以上三家对天水地电台的影响程度进行了分配,并召开说明会,当面介绍实施增设抗干扰设施工程概况及费用分配原理与方案,在得到三家认同后,甘肃局与林学院、天水森林武警总队麦积大队、甘泉物流中心三家共同签订天水地电台原址增设抗干扰设施合同。

三、办案过程

(一)发现违法可能性

2007年初,天水地电台直接管理单位天水中心地震台经多方联系,得知林学院将进行的扩建项目在天水地电台观测环境保护范围内。经了解,林学院已于2007年5月24日获得划拨土地13.3248公顷,计划在2008年修建学校大门、围墙和两栋公寓楼,计划在三年内完成扩建项目。天水中心地震台主动了解到林学院扩建规划效果图,根据林学院规划效果图来看,林学院准备建设的两栋公寓楼在天水地电台观测区内,距地电观测的W供电极和NW供电极仅20多米,林学院即将扩建的公寓楼在修建过程中及修建后将严重危害天水地电台观测环境。天水中心地震台将了解到的情况迅速汇报甘肃局,甘肃局领导要求密切关注林学院扩建项目进行动态。同时,天水中心地震台就林学院扩建将危害天水地电台观测环境问题与林学院领导进行沟通,林学院领导表示高度重视,并将主动与天水中心地震台进行沟通协商。

(二)要求行政相对人规划设计阶段避免危害地震观测环境

2007年11月15日,天水中心台向林学院致函,说明地震监测设施和观测环境保护的重要性,并在附件中向林学院特别说明了天水地电台的电极分布位置及观测环境保护范围,要求林学院扩建项目在征地、规划、建设校园时应充分考虑依法保护地震监测设施和观测环境。

(三)与建设工程规划审批部门联系

2008年3月11日,天水中心台向天水麦积区自然资源局、教育局、住建局致函,说明天水中心地震台及天水地电台此前已向此这三家单位进行了相关资料备案,要求以上三家单位在建设工程项目审批和建设时,要征求地震部门的意见,充分考虑地震监测设施和观测环境的保护。

(四)行政相对人认同将危害事实

2008年3月12日下午,林学院法定代表人主动到天水中心地震台,就林学院准备扩建的事宜正式向天水中心地震台做了通报。天水中心地震台再次向林学院方介绍和强调了天水地电台地震监测设施及观测环境保护的重要性和有关法规。交谈结束后,林学院方呈复函,复函中表示认同林学院扩建项目将危害天水地电台观测环境事实,并表示愿意与天水中心地震台协商有效解决方案。

(五)回复行政相对人申请

得到行政相对人认可其建设工程将对天水地电台观测环境造成危害后,甘肃局开始与行政相对人就解决方案进行沟通、商谈。2008年4月3日下午,甘肃局执法人员、地震监测技术人员到天水地电台进行现场勘验,并在天水中心地震台召开了专题会议,与会人员就如何做好天水地电台监测设施与观测环境保护工作进行了深入讨论。

2008年4月7日,林学院向甘肃局递交行政许可申请,申请甘肃局同意其在天水地电台观测环境保护范围内实施扩建项目。甘肃局接到申请后,相关领导于同年4月10日作出批示,要求甘肃局监测中心进行相关技术评估,并提供处理意见。2008年4月19日,甘肃局向林学院致函,说明天水地电台的映震效果较好,对甘东南地区地震监测的重要性,并说明林学院的扩建工程会造成天水地电台地电阻率观测及电场观测中断,地震观测环境被严重危害。林学院扩建属于国家重点项目,甘肃局同意,但根据《中华人民共和国防震减灾法》等相关法律、法规、规章规定,林学院作为建设单位应当根据甘肃局提出的增建抗干扰设施或新建地震监测设施的要求对天水地电台进行改造,改造工程及设备的全部费用由建设单位全部承担。

(六)行政相对人否认违法事实,省局请求市政府协助

2008年6月24日,林学院复函甘肃局,表示其扩建工程并未直接影响到天水地电台观测环境,并未造成危害地震监测设施和观

测环境事实。同年8月5日,甘肃局致函林学院,附林学院开工前后天水地电台观测数据对比变化图,林学院扩建工程危害天水地电台观测环境属实,并要求其在问题未解决之前停止施工,林学院收到函后未回复,也未停止施工。

2008年10月7日,天水中心地震台致函天水市政府,说明其在与林学院就扩建工程危害天水地电台观测环境事宜未达成一致意见的事实,并要求天水市政府给予协助,责令林学院停工协商,天水市政府责成天水市规划局协助处理相关事宜。2008年10月22日,天水市规划局致函林学院,要求林学院扩建工程停止施工,尽快与天水中心地震台商榷解决方案。

(七)行政相对人再次认同违法事实,但不同意补偿数额

林学院接到天水市规划局的函后,依然未及时停止施工。天水中心地震台在得知林学院委托甘肃省第八建筑公司进行扩建项目时,向该建筑公司去函说明林学院扩建工程的违法事实,要求其立即停工,该建筑公司接函后,仍未停止施工。2008年10月28日,甘肃局致函天水市政府,要求其协助处理林学院扩建项目危害天水地电台观测环境相关事宜,并要求林学院在问题未解决之前停止施工。在天水市政府的协助调查下,林学院表述认同其扩建工程危害天水地电台观测环境事实,要求甘肃局迅速提出解决方案。甘肃局经组织专家实地测量、专业论证后,认为在天水地区再次寻找到具备同样监测质量的场地非常困难,排除天水地电台异地迁建方案,专家表示可以采用原址深埋抗干扰设施的方法进行改造。

至此,双方就林学院扩建项目建设危害天水地电台电场测项这一事实达成一致意见,但林学院对甘肃局提出的天水地电台增建抗干扰设施的费用不认同,意见相去甚远。林学院认为其扩建

工程直接影响到天水地电台的就是2~3根电线杆,影响2~3根电线杆需要补偿的费用远低于甘肃局提出增建抗干扰设施的费用。甘肃局则坚持多年的连续资料中断,损失不可估量,且从地震监测环境选择难易程度上来看,目前要找一个同样的适宜地电监测环境非常不容易,需要考虑多方面因素,增建深埋设施是最好的解决方案,根据专家组论证的方案该项改造工程所需费用无法减少。双方各持己见,谈判举步维艰。

(八)发现另外两个行政相对人即将违法

在双方僵持不下,问题未得到解决的情况下,甘肃局派出执法小组对相关违法事实进行了再次核实,并到天水市规划局查阅林学院扩建工程规划审批资料。在查阅相关资料时,执法人员发现即将建设的天水森林武警总队麦积大队、甘泉物流中心建设也在天水地电台观测环境保护范围内,执法人员根据查阅到的规划建设图进行了实地测量,发现天水森林武警总队麦积大队、甘泉物流中心确实在天水地电台观测环境保护范围内,且根据规划图,还将对天水地电台部分电极造成破坏。

(九)函告行政相对人,要求改变规划设计

甘肃局于2009年1月22日函告天水森林武警中队麦积大队主管部门甘肃省武警总队,说明天水森林武警中队麦积大队营区建设将危害天水地电台地震观测环境,要求其建设规划考虑避免危害地震监测设施和观测环境。甘肃省武警总队表示认同其建设工程将危害天水地电台监测设施和观测环境事实,但营区建设项目无法改变原设计,要求甘肃局提出解决方案。甘肃局于同日函告甘泉物流中心建设主管单位天水麦积区国有资产经营投资有限公司,说明甘泉物流中心建设将危害天水地电台观测环境事实,要求其建设规划考虑避开地震监测设施和观测环境保护范围。天水麦积区国有资产经营投资有限公司表示请甘肃局尽快提出解决方案。

(十)与三家行政相对人商谈改造方案,确定补偿数额

在林学院、天水森林武警中队麦积大队、甘泉物流中心三家行政相对人均对危害天水地电台监测设施和观测环境事实无异议的情况下,甘肃局与三家行政相对人召开专题会议商谈天水地电台改造方案。在地电专家向三家行政相对人解释最经济有效的改造方案是在原址增加深埋抗干扰设施后,三家行政相对人均表示无异议。甘肃局委托第三方建设工程造价咨询公司对原址增加深埋抗干扰设施工程费用预算进行解释,并根据三家行政相对人对天水地电台危害程度进行费用分摊。林学院作为第一家建设影响单位,建设位置在天水地电台观测系统靠中心和三测道公共部分,地电观测系统处理中心也在林学院的扩建区域内,危害地震观测环境较严重,所需承担费用最多,其余两家根据危害程度各自承担相应费用。在三家行政相对人均无异议的情况下,甘肃局与林学院、天水森林武警中队麦积大队、甘泉物流中心签订费用补偿合同。

四、处理结果

甘肃省地震局与林学院、天水森林武警中队麦积大队、甘泉物流中心就其建设相关项目危害天水地电台监测设施和观测环境相关事宜以签订合同的方式最终解决。合同内容约定,甘肃省地震局负责完成天水地电台原址增建抗干扰设施的全部工程,林学院、天水森林武警中队麦积大队、甘泉物流中心根据其对天水地电台监测设施和观测环境保护的影响程度分别承担原址增建抗干扰设施工程的相应费用。合同全部执行完毕，天水地电台原址增建抗干扰设施工程也完成，正常观测工作恢复。

五、点评解析

本案中行政相对人林学院起先是认同其校园扩建项目将对天水地电台地震监测设施和观测环境造成危害的事实，后在继续协调中又否认以上事实，虽然最终本案解决了，但行政相对人前后的态度实际上对推进案件的进度还是造成了影响，这就提醒执法人员，在与行政相对人沟通过程中，一方面要注意及时保存相关违法证据，另一方面要做好执法工作中各个阶段的法律文书，比如询问笔录。本案后续解决比较顺利，天水市政府及相关部门（单位）的支持与协助非常重要，在执法过程中，要向当地政府解释说明地震监测工作对于当地防震减灾工作及保障经济建设的重要性，要赢得当地政府的认同，在此基础上，在与国家重点工程建设单位进行沟通时就会相对容易一些。

六、实务提示

通过本案，我们可以总结出在地震监测设施和观测环境保护行政执法实务中，要注意以下几点：

第一，可以从地震台站所在行政区域的建设工程规划中全面确定危害地震监测设施和观测环境的行政相对人。本案中，刚开始天水中心地震台了解到危害天水地电台监测设施和观测环境的行政相对人只有天水林学院，在后期跟林学院的不断沟通过程中，通过在天水市规划部门查阅相关资料时，发现了另外两个行政相对人，从某种程度上来讲，是因为与第一家行政相对人沟通不畅的情况下，执法人员在查阅资料时才发现了另外两家行政相对人。

那么可以假想一下,如果与第一家行政相对人沟通顺利,且很快完成了天水地电台增设抗干扰设施工程,后期再发现另外两家行政相对人,就可能造成执法程序从头再来,肯定会影响执法效率与质量。

第二,执法人员在与行政相对人沟通的各个环节,要注意留存相关证据,建立相关法律文书。本案中执法人员在与林学院的沟通过程中,林学院出现前后态度不一致的情况。如果执法人员在第一次与林学院沟通后,通过录音、录像等方式记录当时的商谈情况,并通过会议纪要、商谈记录等方式记录双方的沟通结果,由双方代表人员及在场人员签字确认,可能就会更有益于高效率推进案件办理。

第三,地震台站在开展常规巡检工作时,不止包括现有地震监测设施和观测环境的巡检,还应当定期与台站所在地政府的规划部门、建设部门沟通,从规划层面上对危害地震监测设施和观测环境的因素进行巡检。

第十二章　企业工程建设危害地震监测设施和观测环境行政执法典型案例评析

【案例一】广成山庄建设危害平凉崆峒地电台地震监测设施和观测环境案

一、基本情况

1. 行政执法主体

甘肃省地震局。

2. 行政相对人

甘肃广成山庄有限责任公司(以下简称广成山庄)。

3. 台站概况

平凉崆峒地震台,隶属于甘肃省地震局,直接管理单位为平凉中心地震台。该台始建于1978年,后经改造于1995年迁入平凉市崆峒区,1996年正式投入观测。目前有地电阻率、强震动及陆态网(GPS)等观测项目,其中陆态网(GPS)观测是国家"十一五"建设重点项目。该台占地面积为1334平方米,东距崆峒镇500米,西距崆峒山风景区4000米,海拔1441米,所处位置优越,对甘肃省东南部防震减灾工作起着重要作用。该台连续多年来观测资料连续、优质、可靠,映震效果非常好。该台已于2001年在平凉市政府相关部门进行了备案。

4.执法事由

广成山庄建设危害平凉崆峒地震台监测设施和观测环境。

二、案情介绍

甘肃广成山庄有限责任公司建设的广成大酒店（又名广成山庄）是平凉市崆峒区政府投资建设企业，位于甘肃省平凉市崆峒区崆峒镇寨子街村，地处古丝绸之路重镇，位于国家首批5A级旅游景区、国家地质公园、天下道教第一山——崆峒山脚下，环境幽雅、建筑独特、依山傍水、景色秀丽、交通便利，是一家集温泉水疗、旅游休闲、度假娱乐、文化研讨、商务会议、住宿餐饮于一体的花园式涉外旅游酒店，总占地438亩[①]，总建筑面积5.8万平方米。广成山庄于2003年开工，2007年正式营业，负责建设的单位为平凉市崆峒区政府。

2004年初，平凉中心地震台获悉即将建设的广成山庄在平凉崆峒地电台观测环境保护范围内。平凉中心地震台负责人及工作人员就此开展现场测量勘验，发现广成山庄建设工程正在进行的钻井点已进入平凉崆峒地震台测区，且距离测极仅245米，另外将要开工的钻井点距离测极仅30米，其施工已经严重危害了平凉崆峒地震台观测环境，广成山庄施工阶段观测数据有明显变化。平凉中心地震台报告甘肃省地震局（以下简称甘肃局）后，甘肃局致函平凉市崆峒区政府，说明广成山庄建设危害平凉崆峒地震台地电观测环境事实，要求其责成有关部门予以协调，对平凉崆峒地震台观测环境予以保护。2004年5月24日，甘肃局执法人员、地震监

---

① :亩，1亩约等于666.667平方米。

测技术专家到达平凉崆峒地震台,邀请平凉市崆峒区政府相关工作人员、广成山庄负责人共同到达广成山庄建设工程现场进行测量、勘验,并对比施工阶段与非施工阶段监测数据的变化,确认广成山庄建设危害平凉崆峒地震台地电观测环境违法事实。在以上各方都对违法事实无异议的情况下,甘肃局说明平凉地区震情形势,并说明平凉崆峒地震台位置重要性,要求行政相对人广成山庄停止违法行为,尽快协商解决方案。甘肃局组织地电专家对平凉崆峒地震台地电测项进行全面考察、评估后,认为为了长远发展,可以考虑平凉崆峒地震台易地迁建方案。甘肃局将此决定通知广成山庄,并说明依据相关法律法规,广成山庄承担台站易地迁建全部费用。广成山庄属平凉市崆峒区重点发展企业,在其请求平凉市崆峒区政府作为中间方协调处理后,平凉市崆峒区政府向甘肃局致函,表示平凉崆峒地震台可以考虑易地迁建,平凉市崆峒区政府以"一线三点""六纵九横"的拆迁补偿标准对应平凉崆峒地震台。因平凉市崆峒区政府提出的标准为民用建筑赔偿标准,远达不到平凉崆峒地震台易地搬迁所需费用。后甘肃局于2004年9月、2005年7月、2005年8月三次致函平凉市崆峒区政府,平凉市崆峒区政府均无复函,广成山庄施工项目也未停工。2007年10月22日,甘肃局致函平凉市政府,说明平凉崆峒地震台在全国地震重点监视区域范围内,映震效果好,希望平凉市政府协调处理此事。平凉市政府督促平凉市崆峒区政府后,对方仍坚持以民用建筑标准进行赔付。此后,双方多次谈判无果,行政相对人方配合态度不积极。2008年汶川地震对平凉地区影响较大,时任分管副省长明确批示要重点抓好平凉地区防震减灾工作。甘肃局向时任分管副省长汇报平凉崆峒区地电观测环境被危害相关事宜后,时任分管副省长十分重视,指示要尽快解决,恢复平凉崆峒地震台正常地震监测工作。2009年2月,甘肃局致函平凉市政府再次说明情况,并考虑到地震监测与当地社会经济共同发展的实际需要,从技术上经过多次论证后,选择造价费用最低的原址深井改造技术,这样建设工程的总费用比此前易地迁建总费用减少了近三分之一。平凉市崆峒区政府表示接受平凉崆峒地震台原址深井改造方案,甘肃局与其于2009年3月签订合同,约定平凉崆峒地震台原址深井改造全部费用由广成山庄建设单位平凉市崆峒区政府承担,全部费用支付后甘肃局负责完成全部改造工程。

三、办案过程

(一)发现违法,主动联系行政相对人

2004年初,平凉市中心地震台经多方了解,已经开工建设的广成山庄将严重影响平凉崆峒地震台低电阻率观测环境。平凉中心地震台负责人了解到相关情况后,当即与平凉中心地震台技术人员共同抵达广成山庄施工现场,进行测量、勘验,广成山庄进行的钻井点已进入平凉崆峒地震台测区,距离地点测向电极仅245米,经询问现场施工人员,得知另一将要开工的钻井点距离地电测向电极仅30米,已经严重危害了平凉崆峒地震台观测环境,广成山庄建设施工期间平凉崆峒地震台地电观测数据有明显变化,这将会使监测数据出现很大的误差。平凉中心地震台负责人及相关工作人员对广成山庄施工现场采用拍照、录像等方式记录违法证据,并及时向甘肃局相关部门汇报,相关部门请示分管局长,分管局长命令平凉中心地震台迅速了解广成山庄建设单位,并进行沟通。

(二)函告行政相对人,要求停止违法

经了解,广成山庄的投资、建设单位为平凉市崆峒区政府。2004年5月13日,甘肃局致函平凉市崆峒区政府,说明广成山庄建设危害平凉崆峒地震台地电观测环境事实,要求平凉市崆峒区政府相关部门予以协调,尽量改变广成山庄选址,避开平凉崆峒地震台地震监测设施和观测环境保护范围。2004年5月24日,甘肃局执法人员、地震监测技术专家到达平凉崆峒地震台,邀请平凉市崆峒区政府相关工作人员、广成山庄负责人共同到达广成山庄建设工程现场进行测量、勘验,并对比施工阶段与非施工阶段监测数据的变化,确认广成山庄建设危害平凉崆峒地震台地电观测环境违法事实。在以上各方都对违法事实无异议的情况下,甘肃局说明平凉地区震情形势,并说明平凉崆峒地震台位置的重要性,要求行政相对人广成山庄停止违法行为,尽快协商解决方案。

(三)与行政相对人沟通

甘肃局在与行政相对人平凉市崆峒区政府函件来往及当面沟通后,行政相对人对广成山庄建设危害平凉崆峒地震台观测环境事实无异议,在此基础上,双方开始就如何解决这一问题进行商议。平凉市崆峒区政府表示广成山庄建设方案无法改变,其建设关系当地经济的发展,建议可以采用技术改造的方式或者易地迁建的方式解决问题,在原行政区域范围内,用地审批等问题平凉市崆峒区政府会全力支持、解决,请甘肃局迅速拿出解决方案。

(四)专家论证方案,商谈迁建事宜不畅

2004年6月,甘肃局组织地电监测方面专家到平凉崆峒地震台现场做了勘验、测量,并根据广成山庄建设影响因素做了综合考察,经测量、考察、计算后,专家一致认为平凉地区震情形势严重,

从平凉崆峒区长远发展来看,平凉崆峒地震台宜采用易地迁建方案。甘肃局委托第三方工程造价咨询公司,根据专家组提出的改造方案测算平凉崆峒地震台易地迁建工程体量及全部费用,得到结果后,甘肃局函告平凉市崆峒区政府,说明台站改造方案及全部工程、费用,并说明依据《中华人民共和国防震减灾法》等法律法规,广城山庄建设单位应承担平凉崆峒地震台全部费用。广成山庄属平凉市崆峒区重点发展企业,在其请求平凉市崆峒区政府作为中间方协调处理后,平凉市崆峒区政府向甘肃局致函,表示平凉崆峒地震台可以考虑易地迁建,平凉市崆峒区政府以"一线三点""六纵九横"的拆迁补偿标准对平凉崆峒地震台进行补偿。因平凉市崆峒区政府提出的标准为民用建筑赔偿标准,远达不到平凉崆峒地震台易地搬迁所需费用。后甘肃局于2004年9月、2005年7月、2005年8月又三次致函平凉市崆峒区政府,平凉市崆峒区政府均无复函,广成山庄施工项目也未停工。2007年10月22日,甘肃局致函平凉市政府,说明平凉崆峒地震台在全国地震重点监视区域范围内,映震效果好,希望平凉市政府协调处理此事。平凉市政府督促平凉市崆峒区政府后,2008年1月8日平凉市崆峒区政府复函甘肃局,仍坚持以民用建筑标准进行赔付。此后,双方多次当面沟通无果,行政相对人方配合态度不积极。

(五)地震事件促进谈判进度,签订合同

2008年汶川地震事件中,平凉地区震情及损失也较为严重,平凉地区地处2006年国务院颁布实施的全国地震重点监视防御区(2006—2020年)内,平凉崆峒地震台长期处于瘫痪状态不宜久拖不决。2009年初甘肃省政府要求重点建设平凉地区防震减灾力量,2009年2月10日,甘肃局就平凉崆峒地震台受到危害的问题向甘肃省人民政府时任副省长做了汇报，副省长十分重视平凉地区防震减灾工作建设，作出要尽快恢复该地区正常地震监测能力的批示。同日上午，时任副省长秘书与平凉市政府相关领导进行了电话沟通协商，要求尽快解决平凉崆峒地震台地震观测环境被危害问题。2009年2月18日，甘肃局致函平凉市政府，要求解决相关问题。平凉市崆峒区政府表示经费确实有限，无法做到平凉崆峒地震台整体易地迁建，请甘肃局想办法从技术上采取最经济有效的改造方案。考虑到地震监测与当地社会经济共同发展的实际需要，尽量减少建设资金投入，甘肃局再次组织专家论证改造方案。经多次论证后，专家组认为最经济有效的改造方案为平凉崆峒地震台原址深井技术改造，这样既可以正常开展地震监测工作，也不影响平凉市崆峒区的城乡规划及土地利用，这一方案与易地迁建相比，费用减少了约三分之一。甘肃局将以上决定函告平凉市崆峒区政府，对方表示认同。甘肃局与平凉市崆峒区政府于2009年3月签订合同，约定平凉崆峒地震台原址深井改造全部费用由广成山庄建设单位平凉市崆峒区政府承担，全部费用支付后甘肃局负责完成全部改造工程。

四、处理结果

本案历经5年，甘肃局最终与行政相对人平凉市崆峒区政府就广成山庄建设危害平凉崆峒地震台地电观测环境相关事宜签订平凉崆峒地震台原址深井改造合同，合同约定改造全部费用由平凉市崆峒区政府承担，甘肃局负责技术改造全部工程。平凉市崆峒区一次性支付全部费用后，甘肃局也根据合同约定，及时完成了平凉崆峒地震台原址深井改造工作，在完成对比观测后，平凉崆峒地震台恢复了正常地震观测工作。

五、点评解析

本案从发现广成山庄建设危害平凉崆峒地震台地电观测环境到原址深井工作改造全部完工，恢复正常地震观测工作，历时近6年。行政相对人的违法行为发生时，《中华人民共和国防震减灾法》还未修订，根据1997版《中华人民共和国防震减灾法》第十四条、第十五条，新建、扩建、改建建设工程，应当避免对地震监测设施和观测环境造成危害；确实无法避免造成危害的，建设单位应当事先征得国务院地震行政主管部门或者其授权的县级以上地方人民政府负责管理地震工作的部门或者机构的统一，并按照国务院的规定采取相关措施后，方可建设。可见，1997年版《中华人民共和国防震减灾法》对确实无法避免的情况，并未限定该建设工程为"国家重点工程"，本案广成山庄并不属于"国家重点工程"，适用2008年修订，2009年5月1日起施行的《中华人民共和国防震减灾法》，并不能以广成山庄不动，平凉崆峒地震台改造或易地迁建结案。本案双方签订合同是在2009年5月1日施行之前，法律适用正确。

六、实务提示

通过本案，我们可以总结出在地震监测设施和观测环境保护行政执法实务中，需要注意以下几点：

第一，在地震监测设施和观测环境保护行政执法实践中要注意法律适用。本案中，案件的全部发生过程都在《中华人民共和国防震减灾法》2008年修订后，2009年5月1日实施前，广成山庄的建设危害平凉崆峒地震台地电观测环境以原址深井改造方式解决是合法的，如本案发生在2009年5月1日之后，广成山庄不属于"国家重点工程"，也就不符合2008年修订的《中华人民共和国防震减灾法》第二十四条之"确实无法避免"的情况,不能以地震台站"让路"的方式解决。

第二,自2009年5月1日,地震台站以增建抗干扰设施或新建地震监测设施方式为建设工程"让路"的建设工程仅限定为"国家重点工程"。

第三,重大地震事件对地震监测设施和观测环境保护行政执法工作的顺利推进有非常重要的作用,本案就是在甘肃局与行政相对人多次沟通无果的情况下,在汶川地震事件后,政府对平凉地区防震减灾工作高度重视的情况下,才及时解决了广成山庄建设危害平凉地震台地电观测环境问题。

附录：地震监测设施和观测环境保护法律规范汇总表

序号	类别	制定机关	法律规范名称	施行日期（或最后修订日期）
1	法律	全国人大常委会	《中华人民共和国宪法》	2018.03.11
			《中华人民共和国防震减灾法》	2009.05.01
			《中华人民共和国行政处罚法》	2021.07.15
			《中华人民共和国行政许可法》	2019.04.23
			《中华人民共和国行政强制法》	2011.06.30
			《中华人民共和国行政复议法》	2017.09.01
			《中华人民共和国行政诉讼法》	2015.05.01
			《中华人民共和国公务员法》	2018.12.29
			《中华人民共和国监察法》	2018.03.20

续表

2	行政法规	国务院	《地震监测管理条例》	2011.01.08
			《政府信息公开条例》	2019.04.03
			《自然灾害救助条例》	2010.09.01
3	地方性法规	北京市人大常委会	北京市实施《中华人民共和国防震减灾法》规定	2014.01.01
		天津市人大常委会	《天津市防震减灾条例》	2020.09.25
		河北省人大常委会	《河北省防震减灾条例》	2013.07.01
		山西省人大常委会	《山西省防震减灾条例》	2019.05.30
		内蒙古自治区人大常委会	《内蒙古自治区防震减灾条例》	2012.12.01
		辽宁省人大常委会	《辽宁省防震减灾条例》	2011.06.01
		吉林省人大常委会	《吉林省防震减灾条例》	2013.11.01
		黑龙江省人大常委会	《黑龙江省防震减灾条例》	2012.03.01

续表

	上海市人大常委会	《上海市实施<中华人民共和国防震减灾法>办法》	2010.01.01
	江苏省人大常委会	《江苏省防震减灾条例》	2017.06.03
	江苏省人大常委会	《江苏省人大常委会关于加强地震观测环境保护的决定》	2010.09.29
	浙江省人大常委会	《浙江省防震减灾条例》	2021.03.26
	安徽省人大常委会	《安徽省防震减灾条例》	2012.10.01
	福建省人大常委会	《福建省防震减灾条例》	2021.04.01
	江西省人大常委会	《江西省防震减灾条例》	2011.03.30
	山东省人大常委会	《山东省防震减灾条例》	2010.12.01
	山东省人大常委会	《山东省地震监测设施与地震观测环境保护条例》	2008.08.01
	河南省人大常委会	《河南省防震减灾条例》	2011.03.31
	湖北省人大常委会	《湖北省防震减灾条例》	2011.12.01

续表

	湖南省人大常委会	《湖南省实施<中华人民共和国防震减灾法>办法》	2018.07.19
	广东省人大常委会	《广东省防震减灾条例》	2013.01.01
	广西壮族自治区人大常委会	《广西壮族自治区防震减灾条例》	2016.11.30
	海南省人大常委会	《海南省防震减灾条例》	2007.07.01
	重庆市人大常委会	《重庆市防震减灾条例》	2011.01.01
	四川省人大常委会	《四川省防震减灾条例》	2012.10.01
	贵州省人大常委会	《贵州省防震减灾条例》	2017.11.30
	云南省人大常委会	《云南省防震减灾条例》	2011.09.01
	西藏自治区人大常委会	《西藏自治区实施<中华人民共和国防震减灾法>办法》	2013.01.01
	陕西省人大常委会	《陕西省防震减灾条例》	2017.11.30
	甘肃省人大常委会	《甘肃省防震减灾条例》	2022.03.31

续表

		青海省人大常委会	《青海省防震减灾条例》	2015.12.01
		宁夏回族自治区人大常委会	《宁夏回族自治区防震减灾条例》	2013.07.01
		新疆维吾尔自治区人大常委会	《新疆维吾尔自治区实施<中华人民共和国防震减灾法>办法》	2013.03.01
4	部门规章	中国地震局令	《地震行政执法规定》	1999.08.05
			《地震行政复议规定》	1999.10.01
			《地震行政法制监督规定》	2000.03.01
			《地震行政规章制定程序规定》	2000.03.01
			《水库地震监测管理办法》	2011.05.01
5	省规章	甘肃省人民政府令	《甘肃省地震监测设施和地震观测环境保护规定》	2006.12.01

注：以上地震监测设施和观测环境保护法律规范为部分列表。

参考文献

一、著作类

[1]中国法制出版社.行政执法合规一本通[M].北京:中国法制出版社,2022.

[2]汤泉.地震行政执法案例选编[M].北京:中国法制出版社,2003.

[3]牛之俊.地震行政执法案例选编[M].北京:中国法制出版社,2014.

[4]石玉成.地震行政执法指南[M].北京:中国法制出版社,2020.

[5]张建毅.防震减灾法教程.[M].北京:清华大学出版社,2014.

[6]安建,张穹,刘玉辰.中华人民共和国防震减灾法释义[M].北京:法律出版社,2009.

[7]孙鸿烈.地学大辞典[M].北京:科学出版社,2017.

[8]姜明安.行政法与行政诉讼法[M].北京:北京大学出版社与高等教育出版社联合出版,2019.

[9]中国地震局.地震标准汇编2009[M].北京:地震出版社,2010.

[10]胡锦光.新时代法治政府建设与行政执法规范[M].北京:中国政法大学出版社,2019.

[11]王志强.气象行政执法典型案例评析[M].北京:气象出版社,2016.

[12]方富贵,贾晓勉.环境行政执法经典案例精编与解析[M].北京:知识产权出版社,2017.

[13]法律应用研究中心.环境行政执法文书样式[M].北京:中国法制出版社,2021.

[14]生态环境部宣传教育中心.环境执法典型案例解析[M].北京:中国环境出版集团,2019.

[15]国家市场监督管理总局法规司.市场监督管理执法案卷评查优秀案例精解[M].北京:中国工商出版社,2019.

[16]王雅琴,沈俊强.城市管理监察综合行政执法之理论与实践[M].北京:法律出版社,2013.

[17]张舜玺,赵建明.中国文物行政执法的理论、实践与对策[M].北京:人民出版社,2018.

[18]北京市场监督管理局.价格执法行政风险防范及典型案例解析[M].北京:法律出版社,2019.

[19]农业农村部法规司.农业执法案例汇编[M].北京:工商出版社,2020.

[20]霍敬裕,孔维钊.行政方败诉—生态环境行政执法案例解析和要点指引[M].北京:法律出版社,2021.

[21]闪淳昌主.安全生产执法实务与案例[M].北京:中国法制出版社,2020.

[22]司法部行政执法协调监督局.全国行政执法典型案例[M].北京:中国法制出版社,2021.

[23]秦洁.公务员行政执法哲学研究[M].河南:河南人民出版

社,2015.

[24]曾哲.行政许可执法制度研究[M].北京:知识产权出版社,2016.

[25]熊樟林.行政裁量基准运作原理重述[M].北京:北京大学出版社,2020.

[26]兰泽全.应急管理法律法规[M].北京:应急管理出版社,2021.

[27]方丹辉.公共安全与应急管理:案例与启示[M].北京:人民出版社,2016.

[28]范维澄,闪淳昌.公共安全与应急管理[M].北京:科学出版社,2017.

[29]林鸿潮.应急法概论[M].北京:应急管理出版社,2020.

[30]戚建刚.中国行政应急法学[M].北京:清华大学出版社,2020.

[31]中日防震减灾法律制度比较项目中方课题组.日本防震减灾法律汇编[M].北京:中国地质大学印书厂.

[32]付子堂.法理学初阶[M].北京:法律出版社,2015.

[33]付子堂.法理学进阶[M].北京:法律出版社,2016.

[34]叶必丰.行政法与行政诉讼法[M].北京:中国人民大学出版社,2015.

[35]莫于川.柔性行政方式法治化研究—从建设法治政府、服务型政府的视角[M].厦门:沙门大学出版社,2014.

[36]林鸿潮.行政法与行政诉讼法[M].北京:北京大学出版社,2015.

[37]杨月巧.新应急管理概论[M].北京:北京大学出版社,2020.

[38]谢生达,冉义.行政执法程序制度的理论与时间[M].北京:中国法制出版社,2020.

[39]杨曙光,王敦生,毕可志.行政执法监督的原理与规程研究[M].北京:中国检察出版社,2009.

[40]陈兴良.中国案例指导制度研究[M].北京:北京大学出版社,2014.

[41]杨海坤、章志远.行政判例研究[M].北京:中国法制出版社,2008.

[42]沈德咏.中国特色案例指导制度研究[M].北京:人民法院出版社,2009.

[43]张广萍:《<甘肃省防震减灾条例>修订工作解读与思考》[J].城市与减灾,2022(3).

[44]张广萍:《<甘肃省地震安全性评价管理条例>修订相关问题探讨》[J].地震科学进展,2022(10).

[45]张广萍.关于加强甘肃省防震减灾公共服务的思考[J].地震科学进展,2022(10).

[46]张广萍.我国地震监测设施和观测环境保护法律制度研究综述[J].法制博览,2022(2).

[47]张广萍.铁路建设危害地震监测设施和观测环境行政执法要点及建议—以甘肃省为例[J].法制博览,2022(3).

[48]张广萍.地震监测设施和观测环境保护行政执法中的柔性行政行为探讨[J].法制博览,2016(1).

[49]张广萍.地震监测设施、观测环境保护执法中的法律问题探讨[J].法制与社会,2017(6).

[50]张广萍.浅谈依法加强地震监测设施和观测环境保护[J].

法制与社会,2020(8).

[51]张广萍.我国防震减灾法治发展综述[J].法制与社会,2022(9).

[52]张广萍.地震行业推行"三项制度"的困境及解决对策[J].法制与社会,2020(1).

[53]张广萍.高速公路建设危害地震监测设施和观测环境行政执法中存在的问题及对策[J].地震科学进展,2022(12).

[54]张广萍.地震行政执法监督的现状、困境及完善路径探究[J].法制与社会,2020(12).

[55]张广萍.甘肃省建立地震巨灾保险制度的可行性探讨[J].法制与社会,2021(11).

[56]张广萍.地震行政执法案例库建设探析[J].法制与社会,2020(11).

[57]张广萍.试论典型地震遗址、遗迹的法律保护[J].法制与社会,2017(11).

[58]张广萍.关于地震预警立法问题的探讨[J].法制与社会,2016(12).

[59]张广萍.浅谈依法加强地震监测设施和观测环境保护[J].法制与社会,2020(8).

[60]龚永俭.地震观测环境调查评估及监控[J].地震地磁观测与研究,2012(3).

[61]李超,周大为,吕坚,许志山.浅谈如何加强地震台站监测设施和观测环境保护[J].山西地震,2013(1).

[62]梁雪萍、王斌、周健、严超、郭灏明.盐城地震台地震监测环境保护的思考[J].国际地震动态,2014(5).

[63]郭林旺,齐贵兵.地震台站监测设施和观测环境保护工作的现状与对策[J].山西地震,2015(1).

[64]史凯,蔡艺,吴东,赵兵,樊晓春.南京市地震台站监测设施和观测环境保护的实践与探索[J].防灾减灾学报,2015(3).

[65]傅长齐.依法保护地震监测设施与观测环境刻不容缓[J].灾害学,1994(2).

[66]董晓燕,姜姗姗.合理保护地震台站观测环境和监测设施[J].防灾减灾学报,2016(3).

[67]哈辉.地震监测设施与观测环境保护工作探讨[J].高原地震,2001(12).

[68]申俊,刘敬华,左天惠.浅谈地震台站监测设施和观测环境保护[J].高原地震,2018(3).

[69]黄顺英.三起地震台站观测环境保护案例分析[J].高原地震,2018(4).

[70]刘海刚,程树岐,王帅合,王玲,杜德凯.新形势下地震台站观测环境和设施保护浅析[J].防灾减灾学报,2019(1).

[71]李松华,王斌,苏春光,陈健,李子威,胡超.地震监测环境保护法律制度探讨[J].国际地震动态,2019(3).

[72]李佳胜,何松健,张力文.攀枝花市地震监测设施和观测环境保护的实践与探索[J].四川地震,2020(1).

[73]哈辉.20起地震监测设施和观测环境保护行政执法案例特征分析[J].高原地震,2004(6).

[74]吴谨冰.目观:日本、美国、土耳其自然灾害立法[J].防灾博览,2004(2).

[75]王伟,孙寿安,王帅合,赵银刚,贾哲.关于地震观测环境保

护问题的探讨[J].防灾技术高等专科学校学报,2005(3).

[76]郑荣山.日本的防震减灾制度及对我国的启示[J].中国法学会环境资源法学研究会会议论文,2011(8).

[77]武成智,吴艳锐,郭峰,孙纪财.初探新防震减灾法中的不足[J].城市与减灾,2010(6).

[78]王霄艳.我国防震减灾立法的不足与完善——从规范行政权的角度[J].法学杂志,2009(8).

[79]许厚德.联合国通过国际减轻自然灾害十年提案[J].国际地震动态,1988(12).

[80]郑荣山.日本的防震减灾制度及对我国的启示.中国法学会环境资源法学研究会会议论文,2011(8).

[81]孙莉.行政执法三项制度再出发[J].中国司法,2019(2).

[82]袁雪石.行政执法三项制度的背景、理念和制度要义[J].载中国司法,2019(2).

[83]孙莉.行政执法三项制度再出发[J].中国司法,2019(2).

[84]候孟君.重大执法决定法制审核制度的推行进路[J].行政与法,2017(10).

[85]王兰兰,张雪玲,何家斌,匡福江.地震观测环境对地震台记录的影响及对策[J].地震电磁观测与研究,2007(4).

[86]李兴坚,陈兰新,陈建军,许玉红,李东生.高台地震台依法保护地震监测环境经验[J].高原地震,2005(4).

[87]张晋川,张茂军,李绍坤,傅再云.攀枝花红格地震台地震观测环境保护案例介绍与启示[J].四川地震,2009(3).

[88]张鹏,李宁,范碧航.近30年中国灾害法律法规文件颁布数量与时间演变研究[J].灾害学,2011(3).

[89]胡斌.行政执法案例指导制度的法理与构建[J].政治与法律,2016(9).

[90]史全增,解源源.行政执法案例指导制度构建的理论反思与矫正—以公安行政执法为重点[J].公安学研究,2020(2).

后 记

  2020年中国地震局法规司委托我完成法制建设项目"地震监测设施和观测环境保护及柔性执法制度研究"(ZX2001004),在对相关法律制度进行潜心研究,并完成专著《地震监测设施和观测环境保护法律制度研究》之后,我想从实务操作的角度对地震监测设施和观测环境保护行政执法工作进行进一步地梳理和研究。于是,便利用工作之余的时间,整理了本书。

  所谓"干一行,爱一行",2014年法学硕士毕业以后,我在甘肃省地震局工作,重点工作之一就是从事地震监测设施和观测环境保护行政执法,工作近十年,作为主办人办理了多起案件,在工作过程中结合法学专业的研究,我也就自己的一些见解发表了学术论文。2021年,全国地震系统出版发行《地震行政执法指南》一书,我作为主要编写人之一,2022年全国地震系统法治培训所使用的教材《地震行政执法手册》,我也是主要编写人,在这些研究的基础上,我想应该出版一本专门针对地震监测设施和观测环境保护行政执法实务类、可参照操作的书,毕竟在全国范围内的地震行政执法工作中,地震监测设施和观测环境保护行政执法工作占有非常大的体量。于是,我在本书上篇中从执法实践的角度出发,结合行政执法、行政法理论对地震监测设施和观测环境保护行政执法理论进行了专门梳理。2021年我作为主要完成人在完成中国地震局法规司组织的地震行政执法案卷评查工作时，发现地震系统办理的行政执法案件，在法律文书及执法案卷方面都比较欠缺，法律文书及执法案卷建设是落实行政执法"三项制度"的要求，也是依法行政的重要方面，于是我在本书中篇中对地震监测设施和观测环境保护行政执法工作中常用的法律文书及案卷组成进行了专门梳理。地震监测设施和观测环境保护行政执法工作在实践中，大量的案件都是以"柔性执法"的方式结案的，典型案例具有非常大的参考价值，所以我在本书下篇中选取了甘肃省地震局办理过的比较有典型性的案例，对办理案件的全过程进行了回顾，并从执法角度进行了解析，希望对广大执法人员办理此类案件起到一定的参考作用。

  本书在选取案例时，我想尽量在不同类行政相对人中选取办理较为成功、具有典型性的执法案例，有些比较典型的执法案例距今时间较长，我也只参与了一部分，因多为"柔性执法"，其中沟通、商谈的办理细节不能逐一从法律文书和相互来往函件中体现，为了最大程度地还原案件办理的全过程，我多次询问当时作为主要办理人的工作人员办案细节，有几位案件主办人都已退休还不厌其烦地帮我回顾当时的办案细节，在此深表感谢！本书的写作得到了甘肃地震局领导及同事的支持，在此一并感谢！另外，因为家人的支持和无私付出我才能腾出时间在工作之余的时间完成本书，特别感谢先生及年过七旬的公婆帮我照顾孩子，让我有更多的时间潜心做研究。先生的支持、鼓励和宽容，孩子的乖巧可爱，一直是我前进的动力！

在完成本书时，我力求从执法实践出发，希望能对一线执法人员有所帮助。然而，因时间仓促，能力、水平有限，本书难免有疏漏之处，诚恳地希望得到读者的谅解和批评指正！同时，我希望能够带动和促进各界对地震监测设施和观测环境保护问题进行更深入的研究，并形成更多的理论成果，特别是希望能引起各界对地震监测设施和观测环境保护工作重要性的重视，那么，本书的目的也就达到了。今后，我将持续关注和学习这方面的知识。

张广萍
2022年9月6日